# 做最好的大学生

陈送军　言　奇·著

中国财富出版社

图书在版编目（CIP）数据

主动出击：做最好的大学生 / 陈送军，言奇著 .—北京：中国财富出版社，2014.5

（华夏智库 · 金牌培训师书系）

ISBN 978-7-5047-5176-8

Ⅰ.①主… Ⅱ.①陈…②言… Ⅲ.①大学生－人才成长 Ⅳ.①G645.5

中国版本图书馆 CIP 数据核字（2014）第 060185 号

策划编辑 丰 虹　　责任印制 方朋远
责任编辑 丰 虹　　责任校对 饶莉莉

---

出版发行 中国财富出版社
社 址 北京市丰台区南四环西路 188 号 5 区 20 号楼 邮政编码 100070
电 话 010-52227568（发行部） 010-52227588 转 307（总编室）
010-68589540（读者服务部） 010-52227588 转 305（质检部）
网 址 http://www.cfpress.com.cn
经 销 新华书店
印 刷 三河市西华印务有限公司
书 号 ISBN 978-7-5047-5176-8/G · 0575
开 本 710mm × 1000mm 1/16　　版 次 2014 年 5 月第 1 版
印 张 14.75　　印 次 2014 年 5 月第 1 次印刷
字 数 204 千字　　定 价 35.00 元

---

# 推荐序

## 人生出彩的路标

大学生如何成才？青年朋友如何创业？舌头如何创造财富？人生如何成就梦想？送军书写的青春画卷为此提供了完美的答卷！

送军是一位刚刚大学毕业的青年，他以出色的表现和阳光帅气的外形，成为众多大学生崇拜的青春偶像。2009 年 9 月，他以十分优异的成绩考入湖南科技大学管理学院公共事业管理专业学习深造。他品学兼优，能说会道，心里有阳光，脚下有华彩，在校期间，一路高歌猛进，创造了一个又一个奇迹，谱写了青春美好的乐章。2011 年 3 月，他创立了“晶口才教育”团队。2011 年 4 月，他一路过关斩将，荣获领航国际商学院（中国）有限公司举办的第四届“魅力演说”PK 赛冠军。2011 年 5 月，《湘潭晚报》、“湘潭在线”等媒体以《榜样的力量》为题对他进行了深度采访与长篇报道。2012 年 3 月，湖南科技大学授予他“创业之星”荣誉称号。2012 年 6 月，他在上海总裁班创下 10 分钟演讲收费 9.9 万元的令人啧啧称奇的纪录。截至 2013 年 7 月，他大学本科毕业前，已累计在全国 50 余所大中小学校和 10 余家企事业单位演讲 200 余场，演讲场场爆满，掌声雷动，反响强烈。他又创办了湘潭晶口才教育咨询有限公司，并出任总经理。由于他的卓越才干和出色表现，还被上海翎航企业管理咨询有限公司聘为签约讲师。刚刚毕业，送军的事业即已风生水起、云蒸霞蔚、光芒万丈，确实值得我们称道与赞美。现在的送军，经常乘飞机、坐高铁、搭轮船，上天下地，南来北往，人生充实而精彩。无论何时何地，他都在思考，他都在运筹。

早两天送军打电话给我，说他撰写了一部书稿，即《主动出击：做最好的大学生》，即将由中国财富出版社出版，电子稿已发到了我的邮箱，希望我为他这部处女作写个序。接到这个电话，我简直不敢相信自己的耳朵，想到他刚毕业，万事开头难，创业十分艰辛，工作十分不易，哪有时间与精力写书呀？能写得好吗？我既喜出望外，又十分惊诧疑惑。马上打开邮箱，下载了他的书稿，想看个究竟。看了书名与目录，凭直觉，我即感到这是一部有思想、有智慧、有谋略、有用途的好书。通读完全书，我感到送军为大学生朋友树立了人生出彩的路标。

《主动出击：做最好的大学生》全书由八个部分组成，包括“一样的大学，不一样的人生”“‘以终为始’的大学规划”“走出校园，社会是更大的大学”“‘内秀’不如内外兼修”“让梦想朝现实前进”“心是影响力的源泉”“孝顺是一生的根，把根留住”“企业家说——23位董事长寄语大学生”。读他的书，我们会懂得人生的价值、信念的意义、诚信的可贵、孝道的真谛、朋友的内涵、缘分的重要、口才的力量。送军以生动的文字、典型的案例、精彩的分析，与大家分享了他自己鲜活的故事、成功的经验、独到的思想、高尚的情感，为在校大学生点亮了精神的火把，点燃了生命的激情，唱出了中国好声音，提供了青春正能量。

读送军其书，想送军其人，不由得联想到目前在校的许多大学生的学习状态与精神风貌：上课时无精打采，东倒西歪，心猿意马，有的睡觉，有的吃东西，有的玩手机，有的说闲话，有的甚至谈情说爱、打打闹闹；有的学生或整天QQ、飞信闲聊，或在微博、微信、人人网上发帖冒泡，或到淘宝网上闲逛，或追韩剧、美剧；有的学生沉溺于欣赏手机、网络上的段子、图片、视频、音频，满足于浅层次的、趣味性的、无厘头的、碎片化的浏览与欣赏，缺乏深度阅读的兴趣，缺乏系统学习的激情。我们不禁要问：大学生活，能这样度过吗？

送军无疑是当代大学生的优秀典范。不论是他的处世为人，还是他的读书治学，抑或他的创业成才，都是可圈可点的。他出身于湖南省娄底市双峰县花门镇宝台村一个普通的农民家庭，有三兄妹，他最小。据此书收录的送军姐姐陈立华的一篇QQ日志介绍，他们家从小家庭十分贫困。送军7岁那年，兄妹仨就成了村里唯一的父母都外出而又没有爷爷奶奶照看的留守儿童，但三兄妹都很懂事。送军从读六年级开始，哥哥、姐姐都在外寄宿读中学，他就完全是一个人在家了。他独自一人上学读书、上山打柴，在家洗衣做饭，样样都干得非常出色。2009年7月，送军父亲病逝，家里债台高筑，生活更加拮据，正好那一年他考上湖南科技大学。当时送军的哥哥也是初入社会，家庭的微薄收入难以支持弟弟送军的大学费用，送军毅然坚持选择求学，自力更生，勤工俭学，解决自己学习与生活的全部费用。送军不怕苦，读大学期间一直做多份兼职，当别人在沉迷网络或是花前柳下时，他却在努力学习或是兼职，发传单、刷盘子、摆地摊、家教、创业……大学至今，他没有向家里要过一分钱，他就像一个大男人一样扛起了责任和梦想，坚毅前行。他聪明懂事、酷爱学习、吃苦耐劳、踏实肯干、追求卓越、锐意进取、主动出击、敢于亮剑，因而大学一毕业即已事业有成。

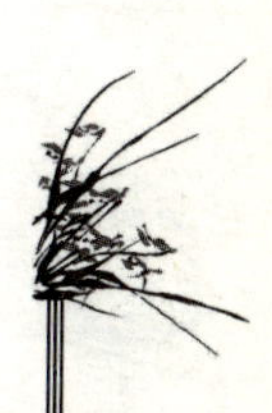



他的《主动出击：做最好的大学生》一书倾情奉献了他的成功经历与成功经验，告诉大家大学生活到底应当怎样度过，怎样才能成为最好的大学生，为大家树立了人生出彩的路标，是一部极有现实意义和教育意义的大学生励志成才读本。我坚信送军此书一定会受到追求进步与卓越的广大大学生的喜爱，并释放无穷的精神力量！

故乐为之序！

吴广平

2013年11月26日

（**编者注：**吴广平系中国屈原学会常务理事兼副秘书长，湖南省屈原学会副会长，湖南科技大学人文学院中文系教授。曾荣获“湖南省优秀教师”“湖南省首届普通高校教学奉献奖获奖教师”“湖南省优秀研究生导师”“2009年湖南省最受欢迎十大教授”“湘潭市第三届‘德艺双馨’中青年文艺工作者”、湖南科技大学“首届师德标兵”“首届十佳授课教师”、首届和第二届“十佳魅力教师”“第三届教学名师”等荣誉称号。）

# 前　言

## 在人生舞台尽情绽放
### ——与送军结缘及出本书的初衷

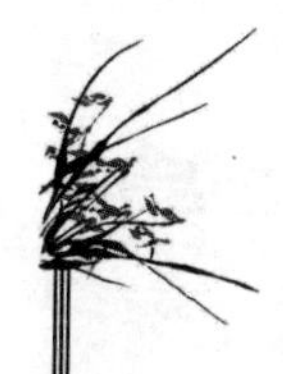



这是一个真实的故事，他的真实和爱感动了全场。那是在上海，2011年4月，一次总裁班演讲PK赛上，12名企业家选手整装待发，个个精神抖擞。就在前一天，老师给选手们布置了题目《令人感动的一件事》，选手们在晚上甚至到凌晨都在酝酿、演练着……

“为成功而打扮，为胜利而着装”。我特意去淘了一身行头，从西服、衬衣、领带到皮鞋，焕然一新，闪亮登场……许多选手在一次次排练中已把自己都感动了好几回，还有选手准备了舞蹈和歌曲作为精彩开场。

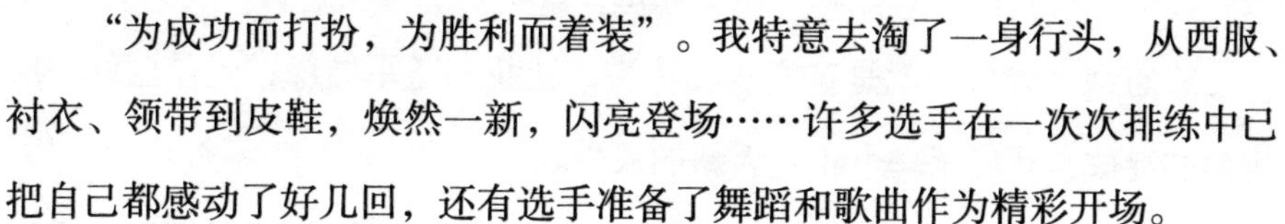

“我的演讲非常精彩，我相信下一位的演讲会更加精彩，让我们用热烈的掌声和期盼的心情有请下一位闪亮登场。”一位参赛者话音一落，一个年轻的选手大步走上舞台。只见他和所有的选手都不一样，他仅仅穿了一件黑色背心，那是在四月的早春，天还有些冷，但透过他的眼镜人们看到了那份流露出的刚毅和坚强的眼神，他的声音充满了激情和能量：“全场的超级演说家们，晚上好！我是陈送军，来自湖南的一名大学生，我演讲的主题是《我和我的父亲》。”陈送军讲述了他陪伴父亲度过生命最后时光的故事，当讲到父亲为他上大学操心，把不同类别的学校分数写在一张纸上的细节以及父亲带病种地的细节时，全场为之动容。演讲最后，送军大声告诉自己，“我是男子汉”“我要靠自己的努力完成学业，建立一番事业”。拳拳决心，全场感动，掌声雷鸣！

PK 赛还在继续进行着，而我内心的那份感动久久不能平静，所有选手比赛结束，开始评选冠亚军了，当老师不断确认“谁是冠军、冠军是谁”时，台下有欢呼着“范金良”“陈送军”，而我也大声地喊着陈送军的名字，最后送军以 43.5 分以高出我 0.5 分的优势赢得了冠军！当他站到领奖台上发表获奖感言时，又一次触动我的心，他说：“这个冠军是可以解决贫困生的一些生活费，但这个冠军更是一种自强不息、锐意进取精神的象征。”

最后，送军提出要找一位企业家来见证他的成长！他话音一落，全场静悄悄，当他的目光环顾全场到我这里时，我觉得他的目光在我这里停了一下，我毫不犹豫地举起了手，全场掌声再次响起！送军走下台来到我身边，伸出手把我请上台，我们紧紧拥抱在一起！

感谢这个舞台，就是这样一场演讲，让我和送军结缘；就是这样一次生命的绽放，开启了一个年轻人新的人生。

当我听完送军的故事，当我后来走进大学去演讲，当我看到那么多大学生对未来充满迷茫时，我决定要走进大学生，去更多地了解和发现他们不为人知的一面。其实，大学生是多么需要引路人的指引和鼓励，我立下大愿，通过我的演讲和书籍去帮助和影响一万名大学生创业成功！

2012 年 2 月，刚过完农历春节，我和送军就在上海会合，我们同吃同住、一起学习、一起成长，一起订立了该年度的 102 个目标，其中一个核心目标就是合作出一本书，推动大学生的成长。

我认为，“我是谁”“我要去哪里”“我该如何去”是当代人最重要的三个问句，3000 多万的大学生，他们中还有许多人不知道真正“我是谁”。从四个维度看：站在父母的角度，含辛茹苦抚养 20 年，到底希望自己的孩子成为什么样的“大学生”；站在企业家的角度，未来企业经营的就是人才，在企业家眼中，企业需要什么样的“大学生”；站在社会的角度，未来社会的发展又需要什么样的新生力量，社会给予大学生的标准是什么；站在大学生本身的角度，我到底是谁？我要成为什么样的人？我能适应这个时代并成为时代的创造者吗？我应该在哪些方面去努力，让自己可以做得更好呢？

对这些问题的思考，加上对送军的认可，让我有着强烈的意愿要和送军一起推出这本书。相信通过这本书能给更多的大学生带来启发和帮助，助大家在人生舞台尽情绽放。

本书能在较短的时间内出版，真诚感谢秦富洋、方光华、陈德云、刘星、曾庆学、李志起、杨勇、李高朋、孙汗青、陈青东、张旭婧、王京刚、陈宁华、王军生、辛海、蒋志操等人在绘图、文字修改以及图书推广宣传方面的协助。

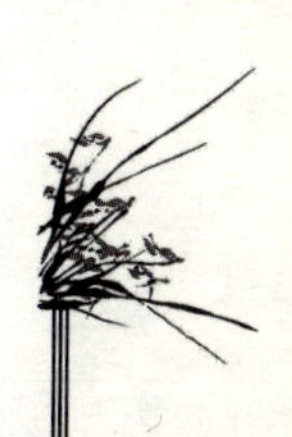

言　奇

2013 年 10 月 1 日

# 目　录

主动出击

# 第一章　一样的大学，不一样的人生

同一所学校，甚至同一个班毕业的大学生为什么成就会天差地别？外在环境差不多的条件下，改变自身，就成了主要的给力方向。源清则流洁，改变自身的源头就是修正已有的观念，提升自己的标准。你还会欣喜地发现，在改变自身的过程中，无形地，自己又吸引了一个更加具有正向能量的外在环境。

# 可怕的同质化

以偏概全是很多人的习惯，结果，因为求与大家的全，怕被当成异类，许多大学生自己的想法未经考证就当成“偏”，直接把这些可能改变自己、改变家族，甚至是全人类命运的想法给扼杀。这种思想上的懦弱投降最终导致了大学生性格上的残缺，共性越来越多，特性或者说个性越来越少，结果成了大众牌大学生，这里称之为同质。

这些同质们若放在过去：不敢去想“苹果为什么往下掉”“人是否可以在天上飞”“兵临城下了是否也可以使用空城计”“王侯将相宁有种乎”……

这些同质们若放在大学：

报英语四级考试了，同学报名了，同质也跟着报了；同学买真题了，同质也跟着买真题了；同学报名保过班了，同质也跟着报了；同学买了答案，同质也买一份保个险，费了九牛二虎之力，同质和同学一样都过了四级，同质和同学回到寝室赶紧在 Q-zone 上更新了心情“没怎么准备，顺便过了个英语四级”“没想到，过四级这么容易”云云。然后同质跟随同学晚上一起唱了个 K，或者是好好吃了顿夜宵，酒过三巡，同学恶狠狠丢了句：去他的英语四级，害老娘半个月背这记那，不得安宁。同质附和道：“英语真讨厌”但想起终于解决了英语这一老大难，成功攻克英语，妈妈再也不用担心了，同质自个又豪爽地干了一杯。过了几天，碰到一老外问路，一想起自己刚过四级，同质赶紧凑上去，老外叽里呱啦说了一通，同质模糊听懂了一点，想说点什么，突然喉咙发堵，半天蹦了句非常时髦的人话：“I' m sorry, my English is very poor!”（对不起，我的英语很差）

期末考试了，同质开始跟着同学占座位预习崭新的课本；跟着同学捕捉关于考试的小道消息；或者是跟着同学等待老师画重点，从来不想对于自己而言，什么是重点，从来不去寻找自己衡量重点的参照是什么：是信仰，是梦想，还是其他；跟着同学猛记一顿重点，记到想吐后忍住，熬过考试，继续轻松太平，把那些重点潇洒地抛弃，对于同质而言，这里所谓的重点过了考试就轻得不能再轻。毕业后，这些也确实用上的少了，因为同质连记都没记住，更别说理解了，遇到相应场景也想不到或没能力用上。同质这时才觉得大学的做法是合理甚至天才的，反过来又向一些师弟妹散布大学课本知识无用论，这些师弟妹听了，过些时日又告诉自己的师弟妹，长此以往，岂不形成恶性循环。

室友几个人陆续恋爱了，同质心里开始慌了，为了不落伍，赶紧开始物色对象，打发寂寞，广撒网重捕捞，稀里糊涂地大学谈了几次初恋（每一次恋爱和初恋一样的结局）。

同质有一天无意听了场励志讲座，很激动，顿时感觉鸡血涌动，发现自己的大学太稀里糊涂，立志要变革自己的大学：每天早晨5：30起床，对着操场喊十次“我是最棒的”，然后早读；提前5分钟到教室，晚上还跑步，过了几天，室友用异样的眼光看着他，隐约还听到有人说不会是被传了吧、故作清高等，同质听了几次心里开始难受了，慢慢觉得室友说得也有道理，最后得出了一个结论：再不疯玩，我们就毕业了。

许多同质的大学是这样度过的：大一满腔热情，稀里糊涂报了一通这个学生会、那个社团，大一当干事或叫委员一年；马上大二了，学生会、社团换届了，若拿到相应荣誉，对求职简历也是精彩的一笔，同质一想，好不容易干了一年事，现在有机会当官了，还不好好抓住，而且当干部会有利于获得荣誉并光鲜自己的简历，于是大二当了一年部长或副部长；大三的同质想想自己是干部也当了、荣誉也得了，感觉该有的都有了，一想大四马上来了，离找工作也不远了，一想未来，一想自己的斤两，心中不免担忧和迷茫起来；部分同质选择考研就是为了缓解这种狂乱的迷茫，在他们眼里，“研”就是“延”的意思；到了大四，其实基本上不大四了，因为大四基本上就是实习、找工作、考研考公务员等的代名词（当然大学有五年的别论）。这样，同质的大学差不多就是大一“委”了一年，大二“部”了一年，大三“迷”了一年，然后就是等待属于同质的同质命运。

这些同质不是没有新想法，而是一种随大众的心理，一种害怕想了也不敢说出来，说出来了也不敢去实践求证；实践求证中遇到挫折也不敢继续坚持，坚持了也坚持不了多久。把自己的命运交给别人，甚至交给某一个人，别人怎么样自己就怎么样，自己一点儿也不动脑筋，只是相信别人、跟随别人那就太危险了。有时真理掌握在少数人手里，自己要学会掌握自己的命运。有这样一个段子：

飞机上，一只鹦鹉对空姐说：“给爷来杯水。”猪也学鹦鹉，对空姐说：“给爷来杯水。”空姐大怒，将鹦鹉和猪都扔下了飞机。这时鹦鹉对猪说：“傻眼了吧，爷会飞。”

所以，一味当同质会有风险。

写文章，长时间的复制粘贴，慢慢地就会忘记如何原创。做人亦如是。可悲的是大学里许多的低一届的学生复制学长学姐的，新来的老师复制同事的，这学年的教案复制上学年的，甚至还有这个学校的论文复制其他学校的论文的。你不是一只汤姆猫，只会唯命重复，而且怎么重复也重复不出自己的声音；也不是伊索中那只把其他鸟类羽毛粘在自己身上充当美丽的寒鸦。

什么都是别人的，就等于我们让自己成了他人的附庸。没有创新的观点和自己的思想意味着我们的脑袋成了没有灵魂的移动硬盘。看《中国好声音》，我明白一个道理：每一个人不仅要有实力，还要在实力上建立特色，成为自己！大学生，作为站在知识前沿的青年，更应是具有个性的，有自己特色的，有自己风骨的。人生每一个阶段有每个阶段最重要的事情，不过这件最重要的事却是因人而异的，可惜的是很多大学生却或因舆论或因惯性思维异人而同，同质化现象便开始普遍。

校园里同质知多少，不同地域，不同学校，多少不一。更可怕的是，这样的同质一旦毕业涌入社会岗位则是一场慢性的会引发连锁反应的灾难：大学里当学生会干部主要是为了获得荣誉，以便自己的简历更光鲜，这是典型的利己主义思想，让走向公务员岗位的同质如何做好人民的公仆？如何把自己的岗位当成服务岗位？因为缺乏创新，过了多年，同质的子孙出了国，还是为买了个外国货高兴两三天，到第四天，突然发现产品的某个小角落有一行小字“Made in China”（中国制造），而“Created in China”（中国创造）还是一句漂泊在同质们口中的号子。

同质把自己的灵魂寄居在别人的脚步，空留一副皮囊晃荡世间。但愿这样的同质在自我意识的觉醒下，在教育环境的改善下会越来越少。

即使有一天大学生真成了大白菜，请记住，也要做一棵独一无二的大白菜。

## 信念决定一切

林肯说，喷泉的高度不会超过它的源头，一个人的事业也是这样，自己的成就绝不会超过自己的信念。信念是一种确信的看法、思想状态。可以说信念是一个人行为的源头，信念直接影响着一个人的生命品质。接下来两个故事就是不同信念产生不同人生的有力佐证：

一位匈牙利木材商的儿子，从小呆板，人称“小木头”。十二岁时，这个孩子梦到自己获得了诺贝尔文学奖。他把做梦的事情告诉了妈妈。妈妈对他说：“孩子，你有出息了！上帝把梦放在谁心中，就会帮谁实现梦想。”孩子信以为真，从此爱上写作。但他的文章常被老师和同学嘲笑。只有妈妈一直说他的文章离诺贝尔文学奖越来越近了。在“上帝之梦”的支撑下，他一直没有放弃写作。2002年，他真的登上了诺贝尔文学奖领奖台。他就是匈牙利犹太作家凯尔泰斯·伊姆雷，他的获奖小说名叫《无命运的人生》。

这个梦，就是伊姆雷的信念，一个让它从“小木头”转变为诺贝尔文学奖得主的信念。接下来的故事结局就有些悲剧色彩：

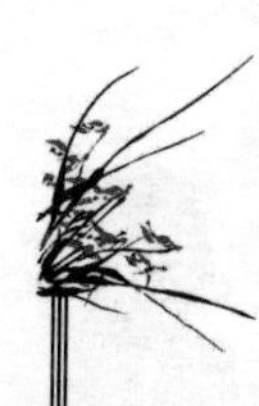

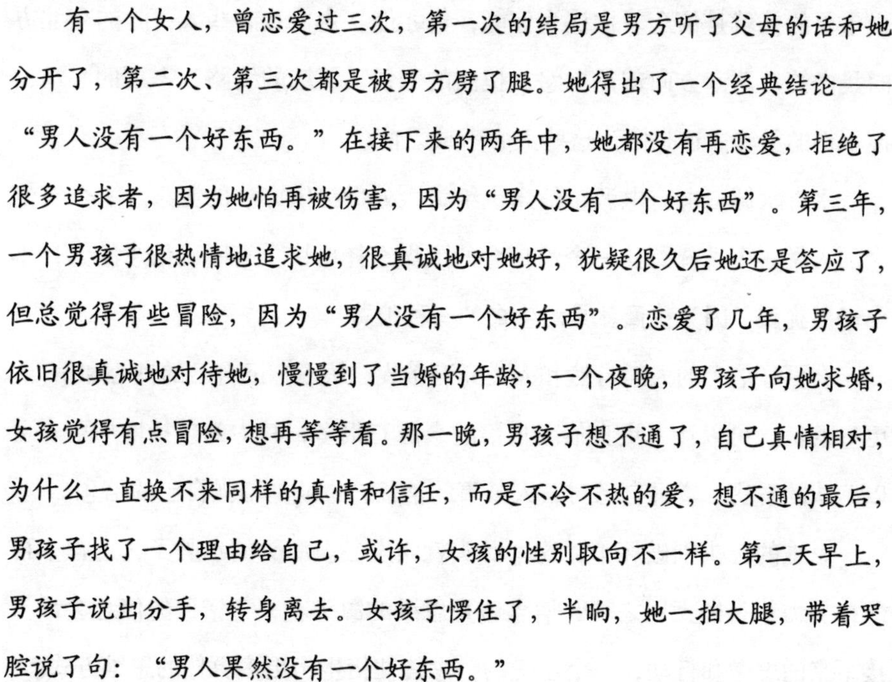

有一个女人，曾恋爱过三次，第一次的结局是男方听了父母的话和她分开了，第二次、第三次都是被男方劈了腿。她得出了一个经典结论——“男人没有一个好东西。”在接下来的两年中，她都没有再恋爱，拒绝了很多追求者，因为她怕再被伤害，因为“男人没有一个好东西”。第三年，一个男孩子很热情地追求她，很真诚地对她好，犹疑很久后她还是答应了，但总觉得有些冒险，因为“男人没有一个好东西”。恋爱了几年，男孩子依旧很真诚地对待她，慢慢到了当婚的年龄，一个夜晚，男孩子向她求婚，女孩觉得有点冒险，想再等等看。那一晚，男孩子想不通了，自己真情相对，为什么一直换不来同样的真情和信任，而是不冷不热的爱，想不通的最后，男孩子找了一个理由给自己，或许，女孩的性别取向不一样。第二天早上，男孩子说出分手，转身离去。女孩子愣住了，半晌，她一拍大腿，带着哭腔说了句：“男人果然没有一个好东西。”

“男人没有一个好东西”就是这个女人的信念，让她从原本可以享受爱情幸福的妙龄女子成为了一个悲情的怨妇。

上面两个故事是多么鲜明的对比！可以说，好的信念成就人，错误的信念误导人甚至毁灭人。

调整好内心的频道，什么样的频道收到什么样的信息，频道对了，我们就接收到对的信息。就像我们开通体育频道，就会获得更多的体育资讯；开通军事频道，就会了解到更多的军事资讯。这个频道就是我们心中的信念。

每一个信念都是因，向善向上的因会产生好的果；不端正的错误的信念会产生不好的果。故而，信念是把双刃剑，用好了会在前进路上披荆斩棘；没用好，就是自己伤害自己甚至自取灭亡。

信念影响自己的状态。如果可以找个孔打气让内心强大，那我觉得有个重要的孔就是信念。你认为你能，你才能。为什么有些人，脸的东北方向是微笑，西南方向却是抱怨，扭曲的表情，纠结的纹路，忐忑的心情，摸不得的灵魂。这是因为这些人心中缺乏信念。

水有水源，电有电源，信念也给为人处世提供方法的源泉。一个有信念的人做一个选择总比一个没信念的人做选择要快。有明确信念的人，不会轻易犹豫，因为犹豫就是对生命的一种浪费。

有更好信念的人对自然和人类充满敬畏，从不忘记自己的良心和信仰。更好的信念可以让人更自信。自信的来源有很多，其中就包括增加更多可以确认的看法，增进自己对某人某事的信任，也就是增强自己的信念。

思维的源头别破坏了，这个源头就叫发心。源头的水脏了，过程中再怎样努力都是做无用之功。信念就是思维的源头。一个错误的信念会误导接下来的思考和行动，一个正确的信念往往衍生出更多更佳的思维方式。

坚定的信念让内心更强大。内心强大的人价值观是明晰的。知道自己想成为一个什么样的人，知道自己要的是什么！

检索内心的信念，删除不好的信念，培养更好的信念，持续获得更好的信念，我们才可能拥有更好的人生。

## 经营更好的信念

经营更好的信念，首先意味着不让他人轻易左右自己的信念。如果让别人轻易左右自己的信念，而毫无自己的立场，就会成为下面故事中的“父亲”：

父子两人牵着驴进城，半路有人笑他们：真笨，有驴不骑！父亲便让儿子骑上驴，走了不久，有人说：真是不孝顺的儿子，竟然让自己的父亲走路。父亲赶紧让儿子下来自己骑到驴背上，谁知又有人说：真是狠心的父亲，不怕把儿子累死。父亲赶紧让儿子也骑上驴背，谁知又有人说：两个人骑在驴上，是不是驴是借来的。父子两人赶快溜下驴背，把驴子四只脚绑起来，用棍子扛着。过一座桥时，驴子因为不舒服，挣扎了起来，结果掉进河里淹死了。

生活中这样的“父亲”大有人在。只有信念坚定的人才不会被别人轻易左右，被别人轻易左右的人往往是心中没有信念，或信念模糊的人。信念模糊的人，重心不稳，他们度过的是一段失衡的人生。有些人喜欢迷信权威专家，迷信名人名言，其实重要的是根据自身实际的情况，选择和确定以及萌发对自己成长和价值实现有帮助的信念。不要被权威、名言牵着鼻子走？被牵着鼻子走，内心就不稳，如果留心，你会发现许多言论还是对立的呢？

人有一个手表知道几点，有两个以上就不知道几点了，往往选择一个信念就意味着放弃另一个信念。风筝没有内在驱动，所以只能随风，只能被牵着走。信念就是一个人的内在驱动，有坚定信念的人不会人云亦云。个人认为“人在江湖，身不由己”之人多信念紊乱，过多在乎他人评论与期盼，在纷纭的世界中听不到内心的声音。李开复先生在决定离开微软时，有很多要挽留他的因素。李开复先生对比尔·盖茨说的一句话是：I must follow my heart!（我必须追随我心）李先生追随的就是心中的信念。

如果说这个世界上一定有定心丸的话，那这颗定心丸就是信念。

## 1. 更好的信念意味着定位和原则

如果进行一个这样的活动，从现在起，5年后、10年后甚至更远的时间，用三个词语形容自己，你最希望是哪三个词语？快乐、自信、有爱心、宽容、善良、美丽、真实……把你最渴盼自己拥有的三种精神写出来，譬如正直、严谨、卓越，然后勇敢地告诉自己：我是一个正直、严谨、卓越的男人/女人。最后把渴盼自己拥有的精神当做当下的信念甚至是信仰。但面对诱惑时，告诉自己：我是一个正直的人，正直的人是不会这样做的；当自己想敷衍工作时，告诉自己：我是一个严谨的人，严谨的人是不会这样做的；当自己想松懈的时候，告诉自己：我是一个卓越的人，卓越的人当精益求精。当遇到挫折，文章常被人嘲笑时，伊姆雷的信念是“上帝把梦放在谁心中，就会帮谁把梦实现”。当不断地重复，不断地加强，有一天，你会发现，不只是你自己认为自己是正直、严谨、卓越的人，很多人也同样认为你是一个相当正直、严谨、卓越的人。

一说到毛泽东同志，我们会想起领袖；

一说到安踏，我们会想起“永不止步”；

一说到小米，我们会想起“为发烧而生”；

一说到乔布斯，我们会想起“活着就是为了改变世界”；

……

别人说到你，会想起什么？

## 2．经营信念的世界

干净的信念会让你更清楚地看这个世界。

有个太太多年来不断抱怨对面的太太很懒惰，“那个女人的衣服永远洗不干净，看，她晾在院子里的衣服总是有斑点，我真的不知道，她怎么连洗衣服都洗成那个样子……”直到有一天，有个明察秋毫的朋友到她家，才发现根本不是对面的太太衣服洗不干净。细心的朋友拿了一块抹布，把这个太太的窗户上的灰渍抹掉，说：“看，这不就干净了吗？”原来，是自己家的窗户脏了。自己所看到的很多时候是局限的，心态是对的，世界就是对的。

有些念头起了，就像有了个小火苗，如果不是好的念头，就及时灭火，因为思想的一丝出轨，就可能导致整个人生的倾覆。

输入正确的信念，并通过不断有效的重复，保持自己的价值观。以前的小孩子要背诵弟子规，这种背诵就是导入正确信念的过程，就如《一代宗师》中的“念念不忘，必有回响”。我们的大学生活也是内心在现实中的映射，如果生活还不够好，说明有些信念需要做一些调整。

给自己导入正确的信念，导入正确的信念是让好的信念流淌在自己血液里，渗透在自己灵魂中。

## 3．信念与自由

一个人被世间记住，有很多方法；一个人被世间记住并被喜欢、被跟随、被尊重、被仰望，一定是他的思想和信念被喜欢、被跟随……

老鹰乐队的一首歌曲 *Already Gone*（《已经离去》）中有句歌词 “We live our lives in chains and we never even know we have the key”（我们被锁链束缚，却从来不知道钥匙在自己手中）。许多时候我们被不好的信念束缚时，需要做的是，挣开不好的信念，建立好的信念。超越自我的前提是自我信念的超越，绽放自我的前提是守护心灵的自由！悟，左边一个“心”，右边一个“吾”字。你看到了什么呢？心与真我在一起，就可以悟到更多的生活和生命的智慧。

且把一切化作前行的力量，就像信徒忘记身体的疼痛，朝信仰的方向虔诚膜拜，哪怕步履维艰。留下信念的背影，在信念的大世界里做一匹野狼，也比在无信念的沙发上做一只乖顺的猫来得可爱；在信念的世界里富足总比在物质的世界里富足来得更有价值。

更好的信念，更美的大学，更早的自由，更绽放的人生。

爱信念，爱自由。

## 有一种标准叫青年领袖（一）

有一种标准叫青年领袖，以领袖的标准酝酿自己的思想、提升自己的境界、改善自己的行为，做一个领袖级的人物。

一个青年，在技能上的登峰造极可以称之为高手，在精神上、境界上、行动上的遥遥领先可以称之为青年领袖。

以青年领袖的标准做大学生。我们知道，公务员年度考核中有个评定等级——优秀、称职、基本称职和不称职。我想，大学生如果来个考核或许可以粗分为平庸、普通、优秀、卓越、领袖型大学生。如果说你是用人单位，你更喜欢哪一个级别的毕业生呢？我想至少是优秀和卓越类别的，所以我写了一句话：优秀是大学生的责任，卓越是大学生的本事，做一名青年领袖是大学生的追求。

以下是对“领袖”二字的认知。

### 1．领袖，独树一帜的标准

商界领袖比尔·盖茨小时候就爱看书，爱思考，他 7 岁的时候，就喜欢反复看《世界图书百科全书》。他经常几个小时地连续阅读这本几乎有他体重 1/3 的大书，一字一句地从头看到尾。盖茨看的书越来越多，想的问题也越来越多。四年级时，他对同学卡尔·爱德就说过：“与其做一棵草坪里的小草，还不如成为一株耸立于秃丘上的橡树。因为小草千篇一律，毫无个性，而橡树则高大挺拔，昂首苍穹。”他坚持写日记，随时记下自己的想法，小小的年纪常常如大人般的深思熟虑。

“做橡树，不做小草”就是比尔·盖茨的标准，他做什么事情都喜欢来个登峰造极，不鸣则已，一鸣惊人。一次，老师给他们布置了一篇关于人体特殊作用的作文，要求四五页的篇幅。结果盖茨利用他爸爸书房里的百科全书和其他医学、生理、心理方面的书籍，洋洋洒洒地一口气写了 30 多页，使老师和同学惊讶不已！

更高的标准，意味着不是试试看，不是尽力而为，而是火力全开。

开国领袖毛主席同样有着对自己独树一帜的标准。

1915 年 9 月，湖南第一师范学校二年级的学生毛泽东，做了一件很特别的事情。他根据“毛泽东”三个字的繁体笔画数，用“二十八画生”的名字，在长沙一些学校贴了个好几百字的《征友启事》（结果引来一些学校的校长到第一师范查问，是不是有“二十八画生”这个人）。他们不知道的是，毛泽东当时的人生志愿是“立奇志、交奇友、读奇书、创奇事，做一个奇男子”。

毛主席的这个“奇”字奇的是挑战、是创新、是品位、是丰富多彩、是不可思议、是独树一帜的精神。我们的“奇”在哪里呢?

领先半点，超越所有。对于追求卓越的人，优秀是平庸的意思；对于追求伟大的人，卓越是优秀的意思！有时候我们看不惯他人，是因为没认识到自身的短浅；有时我们看不懂他人，是因为没见识到对方的标准。

普通人士按劳分配，领袖人士按结果分配。许多时候，我们不能一遇到付出后没有预期收获就说这不公平，那不公平，作为一名青年领袖会思考自己创造了多少结果，创造的质量如何，他知道更领先的分配方式不是看谁劳动了多长时间，而是看谁创造了多少结果。

普通人士勤于抱怨，领袖人士乐于感恩；普通人士总是找问题，领袖人士总是发现问题并提出解决方案，亲自或找到合适的人选解决问题；普通人士居功自大，领袖人士归功于别人；普通人士用己之力，领袖人士用人之智，因为“下君用己之力，中君用人之力，上君用人之智”；当问题发生，领袖总是自己开始找原因，当荣誉出现，总是记得与人共享；普通人士喜欢解释，领袖人士懂得尊重自己，用行动和事实争气。

当别人想指出领袖存在的问题，发现领袖已经自己看到；当别人想批评领袖的错误时，发现领袖已经悄然改正；当别人想给领袖论功行赏时，发现领袖已经融入人群中。

领袖，独树一帜。独树一帜的结果，成功了叫风格，失败了叫疯子，至少不至于平庸。

## 2. 领袖，经营好自我的世界

英雄领导自己，领袖既领导自己又领导团队。如果一个人既不能领导自己，又不能领导团队，就会被边缘化，直至被淘汰。什么是领导自己？领导自己就是精益求精地把自己做好，把自己的分内事做好，不让自己成为别人的问题。什么是领导团队？领导团队就是把团队放在个人之上，以团队为中心，整合资源，解决团队的问题，带领团队解决团队要解决的问题，推动团队和与团队相关群体的发展。

领袖懂得照顾好自己才能更好地照顾别人，至少不会成为别人的负累。照顾好自己的身体，养生，养好自己的精气神，生命才会更好地给力当下和未来。生病是生命对你自己照顾不好自己的报复。几乎所有能在人生长途中持续有所成就的人，都是精力充沛的人。

经营自己，锻造自己的核心竞争力。“自己是梧桐，凤凰才来栖；自己是大海，百川才会聚。”我们能清晰地扪心回答以下问题吗——我的核心竞争力是什么？我的核心竞争力已经发展到了哪一个状态？好几次在演讲中提到这个问题，很多人回答不上来，或者是回答得很模糊。

把沙子和珍珠丢在沙滩上，珍珠显而易见，珍珠的特殊属性就是它区别于普通沙子的核心竞争力。很喜欢格力的一句台词：格力，掌握核心科技。做一个青年领袖意味着要有自己的核心竞争力。核心竞争力就是领袖亮剑时亮出来的“剑”。

经营自己，精神上足够的富有。物质上足够的财富不一定能带来精神上的富足；在精神上足够的富足，想在物质财富上自由则是轻而易举的事情。精神上的富足带来内心的强大。内心的强大与否就像飞机上的汽油，汽油充足，飞机才敢高飞，才敢远翔。

经营自己，谨慎独处。监督制最好的监督工具叫良心！人在做天在看，谁也不知道的思想是对老天智慧的侮辱，慎独是一种修养，是一份自己对自己的承诺。

经营自己，悦纳自己。就像张国荣的《我》一歌所表达：

我永远都爱这样的我 / 最荣幸是谁都是造物者的光荣；不用闪躲 / 为

我喜欢的生活而活；不用粉墨／就站在光明的角落；我就是我／是颜色不一样的烟火；我喜欢我／让蔷薇开出一种结果；孤独的沙漠里／一样盛放的赤裸裸。

## 有一种标准叫青年领袖（二）

### 1．领袖——拥有散发影响力的气质

这个世界上，我们要么是被别人影响了，要么是影响了别人。影响人的有思想、有行为，还有一个重要的因素就是气质。领袖的每一次出现都意味着影响力，出现的频率影响其影响力的大小，出现的品质直接决定影响力的品质。

个人认为领袖这种散发影响力的气质可以从以下三个维度去养成：让人亲的气质；让人乐的气质；让人信的气质。

（1）让人亲的气质

让人亲的气质意味着亲和力。领袖意味着领导团队，团队是水，水能载舟，亦能覆舟。没有亲和力的领袖往往是短命的领袖。高高在上的标榜领袖已成为过去，新时代的领袖融入在群众中，个人退，团队进。

领袖不是高高在上，领袖如果是头狼，也常是披着羊皮的狼。宰相必起于州部，猛将必发于卒伍。从基层干，从群众中来。即便有一天鹤立鸡群，当无须发挥“鹤”的本领时，也愿意把自己打扮得和鸡差不多，不让“鸡”有太大压力。

记得有一次母亲大人告诉我，如果没有冰箱放鸡蛋，鸡蛋适合放地上，贴土气，保鲜更久。继而联想，高楼也是连地拔起的，高的智慧是贴入生活的，高人也是着力实地的。

领袖都是具亲和力的，这份亲和力来自于内心纷纭世界的大度和包容。不愿意解释，不轻易证明，不喜欢抱怨，不容易愤怒。亲和的外表下，是领袖强大的内心世界。能容难容之人、难容之事才叫大度，能在逆境中奋起是大勇，能在错综复杂中找到简单之道是大智。当别人说你不行的时候，不是要用嘴巴告诉别人我行，而是要以事实、要以结果证明，强者用事实说话。

（2）让人乐的气质

作为一个青年领袖，应该学会倾听，乐于分享，言行感恩，所到之处，散发愉悦。快乐意味着开心，心打开了，思想、精神、语言就更容易进入对方的心，碰触到对方的心坎。当一个人具备让更多人更快乐更幸福的功能时，这个人一定是个受欢迎的人，没有人会介意身边多个让自己开心的搭档、朋友、伴侣、领导人……这种受欢迎也意味着支持率，支持率也是领袖需要的。

（3）让人信的气质

让自己的名字成为可信赖的标志，这需要自己持续地做好自己，创造诚信的良好记录。譬如，名字是张三，就让张三牌成为“驰名商标”。对你做人：免检；对你做事：放心。

## 2. 领袖，是创造故事的大王

领袖的一生是创造传奇故事的一生。与其说我们记住了领袖，不如说我们记住了领袖背后的故事。

珍藏过去经典的故事；创造当下的故事；设计未来的故事。

多少年后的一个傍晚，你坐在槐树下的藤椅上，端起旁边小桌上的那杯清茶，腾腾的热气里能氤氲出多少故事，就看你这一生的阅历了。

人为什么买奢侈品和古董，许多有品位的人买的是工匠用心用情的深度，买的是奢侈品背后的那个故事。

### 3．领袖，是卓越的行动家

就像什么样的挡位匹配什么样的速度。领袖的标准就意味着超强的执行力，如果只是雷声大，雨点小，只是标准高，执行缺乏力，则再高的标准也只是图得枉然。高的境界和标准不是标榜自己的工具，而是指导自己行动的指南。

假设树上栖息着十只鸟，现在，其中的九只鸟打算飞走。还剩下几只？还剩十只！打算飞走和真的飞走是两回事。打算做一名青年领袖，和真正践行去做好一名青年领袖也完全是两回事。

超强的行动力是领袖的一个标志，不仅要行动，而且要主动的行动。被动得太久就容易退入死角，面对生活的困窘，我们要敢于主动奋起搏击！燃烧自己的青春去奋斗，进攻许多时候就是最棒的防御。

领袖习惯主动出击。主动的人当自己是生活的大导演，被动的人让生活导演自己；主动的人精力充沛，被动的人精力交瘁；主动的人寻求机遇并抓住机遇，被动的人等待机遇并持续错过机遇。许多时候，不是落后就要挨打，而是被动就会挨打。我若绽放，清风徐来。领袖的生命之花是在主动绽放而非被生硬剥开。



在境界上占据绝对高度，在格局上拓展宽度，在思想上探索深度，在精神上锤炼纯度，在行动上就可以毫不含糊，即便错一时也会对一世，否则对一时，也会贻误一世。正如孔子教育学生的话：“取乎其上，得乎其中；取乎其中，得乎其下；取乎其下，则无所得矣。”当自己正值青春年华，更应该勇敢挑战更高目标，给自己更高的标准，做一个领袖型大学生，以领袖之名，担当起责任与使命！

蜡炬燃烧一生，留下灰烬，人们讴歌它；香烟燃烧一生，也留下灰烬，人们要戒掉它。一样的形式，背后是不一样的本质。前者带来光明，后者带来毒物。人燃烧一生，最后也会成灰，你为世界带来了什么?

领袖，把自己燃烧到极致，照亮更多人的生命!

## 有一种标准叫青年领袖（三）

### 1．领袖，经得起煎熬

白岩松说：“一点儿小风小浪都承受不住，就别在大海里游泳了。”

与其选择风平浪静的一生，我更愿这一辈子跌宕起伏，任凭大风大浪洗礼人生，听由电闪雷鸣伴奏行走的脚步。

路面的石子带给鞋底摩擦，推动前进的脚步；生活的挫折带给灵魂摩擦，让灵魂熠熠生光。熬，不是禁闭在抱怨的空间里；熬，是提炼出生命的精华。霍金在轮椅上熬出恢弘巨著《时光简史》；孙正义在病床上阅读上千本书籍，熬出创业的大志和灵思；白芳礼老人在三轮车上熬出了300多个孩子上学的希望，熬出了生命的价值；史玉柱在“负翁”的帽子下熬出了新的征途；周星驰在“龙套”中熬出了星爷的光辉……

熬是一个坚持的过程，熬是在黎明前耐住黑暗的孤独。爱迪生曾这样说过，生活中的很多失败，都是因为人们在决定放弃的时候，并没有意识到自己已如此地接近成功。

对于一个拳击手而言，挨打的能力与出手的能力同样重要，对方再出一拳，他的体力或许就已不支。胸怀有时就是被慢慢熬大的，树在大风中低下了头，请记住，它在用根撑着。挨过冬天是见到春花的前提。不上冰山，怎见雪莲？谁没有熬的日子？经得起折腾是领袖必备的素质，在折腾中愈加坚韧不拔，在折腾中扩大心的容量，在折腾中熬出生命的精华与价值。

## 2. 领袖，定下来的决心，矢志不渝的积累

你把焦点定在哪里，成就就在哪里。“一万小时天才”理论说的是：要想成为某一领域的世界级专家，你就需要花大约一万个小时来练习。那么，你应该把这一万个小时定向在哪里呢？毕竟这不是一个短的时间。如果人生几十年你都没有集中地在某一个领域定下较长时间，那你的整个人生将变得肤浅。就像知识渊博表示，知识面要比较广，又要在某些领域比较深。大学生的大学生活同样如此，可以丰富，也一定要在某个方面有较大较深的累积。

定下来才有力度，定下来才能积累出修出自己的核心竞争力，有一种行为叫闭关。闭关的本质是让自己能静下来定下来。有一种魄力叫变现，就是把梦想变成现实，变成价值。思想、行为上的定，先定下来然后才会强有力地创造出更好的结果。

定，带来累积，正向的定带来正效累积。一个拳头想同时打两个地方，一定是一个无力的出拳；一辆车同时想开两个方向，一定是危险的驾驶。

领袖人士对梦想和使命有着坚定不移的信心。在领袖级人士的眼里，他们写的不是“梦想板”，而是“写真板”。梦想板似乎提醒你是梦和想，而写真板则告诉你这一切写下来就都是真的，只待如期而至。相信、行动、坚持，目标就是排队签到的事实。这份“真”就是对实现梦想莫大的决心。

以前将把帽子扔过围墙比喻翻越围墙的决心，受其启发，我想，达成一般的目标，啥也不需要扔，因为没有围墙；达成小目标，只需要把帽子扔过围墙的决心；达成中等目标，需要把帽子和上衣扔过去；达成大目标，需要把衣服裤子都扔过围墙的决心；达成不可思议的目标，需要你敢于把内衣都扔过去的决心。定下来，不找借口，无论如何也得翻越过去，实现目标。

### 3．领袖，拥有全局思维

团结一切可以团结的力量，找到能产生凝聚的加分力量。餐桌上造气氛，适时敬酒，表示感谢。及时的鼓励“你很棒”、KTV 唱歌不做麦霸、想办法让想唱不敢唱的人唱歌，都是全局思维的“微”表现。

全局思维还意味着屏蔽一切该屏蔽的，面对一切必须面对的，牺牲一切可以牺牲的，团结一切可以团结的。青年领袖总是围绕着理想在追求，在追求的过程中不断地丰富自己的阅历，提升自己为人处世的素养。作为青年领袖没有太多时间去管理无聊之人和无聊之事，不因小失大。

### 4．领袖，有着大舍情怀

明白舍与得的人生哲学，我们可以更好地活出生命的意义，有这样一个故事：

一天，阎罗王对两个小鬼说：“你们两个可以到人间投胎去做人了，现在我手里有两个名额，一个呢，一生都要忙着给别人东西。另一个呢，一生都从别人那里拿东西，你们愿意做哪一个啊？”

小鬼甲抢先跪下来说：“阎王老爷，我要做那个一生从别人那儿拿东西的人。”小鬼乙让步，选择了一生都要给予的那一个。阎罗王也不啰唆，抚尺一振，宣判道：“下令小鬼甲投胎到人间做乞丐，到处向别人要东西吃；小鬼乙投胎到富裕厚德的人家，时常布施周济别人。”

普通人士常想着要拥有什么，领袖人士则常想着他人需要什么。领袖，有着大舍情怀。

实现目标需要有舍的魄力。梦想是一个女孩，如果真的爱她，就要懂得为她去坚守该坚守的，放弃该放弃的。

一信众抱怨道：为什么我努力了还是得不到？念经行善了但命运却不变？

师：我给你寄五百块钱来好不好？

众：师父，你的钱我不敢要呢！

师：我是要你帮我办一件事。

众：师父，你说办什么，我绝对帮你办好！

师：帮我买一辆汽车。

众：（惊讶地）师父，五百块怎么能买到汽车呢？！

师：你知道五百块买不到汽车！

可是世上有太多的人都在绞尽脑汁，想付出一点就得到很多。世界上超级优秀的人才可怕之处在于他们比努力的人还努力，比付出的人还付出。

舍意味着付出，也意味着放弃该放弃的。面面俱到，可能就一面都顾不到。选择就意味着舍弃。大舍不一定会大得，但不舍一定会不得。

# 第二章 “以终为始”的大学规划

以终为始，这个“终”可以是一个小目标，也可以是一个大梦想。有时候，看不到梦想，是因为我们不屑在由小的目标、小的梦想组成的台阶上踏实攀登，积累高度。大学，或许会有一个迷茫接另一个迷茫，但不要忘了，我们也可以设置一个终点接另一个终点。以终为始的大学，让我明白，我一直在路上，没有梦，我就在热血奋斗的寻梦途中；有了梦，我就在热血奋斗的追梦路上。因为热血奋斗，才有无悔的大学。

# 你怎样看待大学，大学就能给你什么

有几个经典的号召总是很灵验，“考上了高中，什么都好说了”；“考上了大学，就改变了命运”……在这样的号召下，莘莘学子在书山学海中前赴后继，我曾是其中普通的一位。

记事起，大学就萦绕我脑际，家里还没出过大学生，自有一份心愿。高中尤其是高三，关于大学的影子出现得更多了。“十年寒窗”、“咬紧牙关”等词语成了敲警钟用的高频词。我对大学的憧憬也愈加强烈，我想象着大学的模样，打听着关于大学的故事，甚至对大学里“学长”“学姐”的称谓都信觉好奇……

2009 年 9 月，湘潭市二环线，风尘仆仆地我走下车门，一所美丽的大学：湖南科技大学，印入我的生命，宏大的校门横亘眼前，校门后是我当时见过的最大的图书馆……新的大剧就此拉开帷幕。

## 1. 关于大学及专业

进入大学，从老师那里听到的基本只有两种专业：热门专业，前景很好的专业。前者一般是金融专业、外语专业等，就业情况很好；后者一般是新起专业，可能前景确实特别好，但就业情况并不明朗的专业，说直白些就是大家常听到的“冷门专业”。

如果是自己很中意的专业，而且毕业后志在与该专业有深入的学习和发展，那大学四年培养自己的专业素质、练就过硬的专业本领乃至为毕业后的考研、考博深造做准备，毫无疑问是大学当务之急。在此前提下，学会去丰富自己的理论知识，量力而行去参加一些社交活动，去实践，去了解这个社会，关心国家大事，去积累为人处世的经验。

我的专业当时属于“前景很好的专业”，不过我倒没有忧心忡忡，我认为：不是我听专业的，而是专业听我的；不是我听大学的，而是大学听我的，就如刘欢老师大学学的是法语，但是后来集中主要精力去搞音乐了，所以专业不是用来束缚你的。这种主人翁意识对我的大学起了至关重要影响，让我的大学一直是主动式的。任何事物都有其积极的一面，专业也是如此，有些时候是我们自己的抵抗情绪冲上了头，从而戴上有色眼镜去看专业。静下心来反观我们的专业，其实它可能比我们想象的要好。就拿我自己的专业来说，公共事业管理专业是一个覆盖知识面较广的专业，涉及心理学、公共关系学、经济学等，其中许多课程都挺实用的，如管理伦理学、西方经济学等，而且这个专业会让想考公务员的学生更具知识理论上的优势。

如果你的未来并不在你脚下这片土地，那过多的耕耘脚下土地就是对本身有限资源的浪费，不如迈步走向远方。许多大学生，明明知道自己的志趣与当前专业风马牛不相及，却踟蹰于抬起脚步、耽于行动甚至是懒于行动，自己把自己和谐，最终“无辜”地成了温水里的青蛙，成了毕业季里的酒鬼、怨妇。当选错了专业抑或“被专业”（调剂专业）时，我们能做的一是寻找并抓住机会换专业；二是稳住专业后方前提下，来个精力焦点转移，在自己的志趣上花心思下功夫，开辟属于自己的“第二专业”，这也是一种“创业”。但是大学毕竟是有它自身的体制的，我们还要找到第一专业和第二专业平衡的位置。

一粒种子本可以长成参天大树，但因为种子落错了地方，譬如落在水泥地上而报废；抑或落的地方不合适，光合不足，营养不良，成了一株矮植，岂不悲剧。如果你的专业局限实现不了因材施教，那你自己为什么不可以因材而学呢？大学上课的时光，我基本上是选择我感兴趣的课认真听，对不感兴趣的课看老师听，与自己益处不大的课求过就好。我想这是大学与中学的很大一个不同之处，大学里大部分科目考试考过是不难的，对于不喜欢的科目“求过”的想法并不为过。对于照本宣科的老师讲课，我基本上是看课外书，所以乍看我应该属于勤奋认真型的学生了，因为许多次上课，我都抱好几本书，后来干脆背起了书包。也感谢一个个的45分钟，让我在大学里至少多啃掉了四百本课外书，积累了宝贵的知识财富，有人可能会说上课看课外书的方法不积极，我认为或许这至少比上课无所事事、摸摸手机、看看老师要好。

### 2. 关于班委、学生会、社团任职

班委、学生会、社团这些都是大学生经典的锻炼平台，因为对大学的非常爱和对专业的不够爱，大一的我对班委、学生会、社团这些平台，都去经历过、思考过。

大学伊始，“终于可以彻底放松一下了”——这样的念头曾浮现过，庆幸我终究是没有松懈。进入大学我算是个典型的很听话很认真的积极分子。军训时，我很认真很卖力，还当了教官的助手。后来，感谢同学的支持，我竞选上了班长。我用“不在其位，不谋其政”的思路去做我的工作，尽可能地给别人提供舞台。

我热爱文字，喜欢新鲜的东西，我竞选了院宣传部记者、校大学生通讯社记者、《长沙晚报》校园记者、《湘潭晚报》大学生志愿者服务站，并一一中选。这些工作有一个共通的桥梁：文字以及我对文字的热爱。对大学本来就有一股扑向它的冲动，加之自己渴望在写作方面能有所建树，所以在选择这些记者职务中，我很少对一些机会说“不”，在担的这么多担子中，又为了权衡好学习以及下一节会讲到的兼职关系，我投入了大量的精力，也矛盾过、累过，幸好文字这一块的工作还比较相通。在这里也提醒在学生工作前兴致勃勃的同学，量力而行，学会取舍。

在学生会、社团工作，还有一件经典的事就是拉赞助，这是一件很锻炼人嘴皮子的事，我自然也踊跃参与，因为这些缘故，好几次去一些我拉过赞助的商店。老板看到我眼里都飘过一些不一样的色彩，估计在想：好家伙，不是又来拉赞助的吧。

学生工作给我提供了服务、锻炼才能的平台，提升了我的文字组织能力、沟通表达能力，拥有了更广的信息面和更广阔的朋友圈子，也无意中获得了一些荣誉。大学生半数以上会参加班委、社团、学生会干部。在此，与各位分享几点我自己的感悟：

第一，端正动机。一般来说动机有以下三种：第一种，喜欢学生工作，付出的同时锻炼自己能力的成人达己型；第二种，每一个与简历相关的事情都会让他/她兴奋的唯简历是图型，因为根据当前大学情况，学生会与学生荣誉挨得更近；第三种，权力爱好者型：不管怎样，就想捞个官当当，过把瘾，学生会中这样的人也不在少数。望更多学生端的是第一种动机。

第二，增强自己的服务意识。班委、学生会理应是一个会让自己的人格更完善的地方，可悲的是为数不少的班委、学生会干部在这个平台上扭曲了自己。班委、学生会干部首先是个服务者，服务院校师生，由权力拥有者改成师生服务员，我相信在这个服务的过程中会学到更多。可许多“干部们”忘掉了这一点，成了权力的滥用者。学生时代如此，若真当官了，岂不猖獗。记得有一次，我同学的一位朋友是学生会主席，这位主席说邀请我去他们学校演讲，他一句话下去，每个班都会来，不来的就扣班级分，荣誉与他们班关系就不大了。试想，这与纯粹的萝卜加大棒又有多少区别呢?

第三，锻炼能力不一定要通过当班委、学生会、社团干部。有人甚至担心自己在大学里没当过啥官，为找工作忧心忡忡。我们都知道能力很重要，但锻炼能力的渠道是多方面的，并不局限在“当官”。我们完全可以自主地去参加一些有意义的赛事、当家教、组织晨晚读班、寒暑假实习，或是建一个创业团队等途径来锻炼自己的能力。

在四年的大学时光里，我会有什么成长和改变，当时的我只有宽泛的想法。我明白一点的是：步入大学，要重新看待大学的一切，学会融入大学，用心会聚一切有价值的介质，方能铺就一条通向美丽未来的道路！

## 做新生，更要开启新的人生

考到了驾照，只代表自己能开车了，能否开好则另当别论。拿到了大学学生证，只代表自己能上大学了，是否会把大学经营得很精彩、很有意义就事在人为，看自己如何修炼自己，如何开启一段新的人生。

刚进大学的时候大部分学生就像彼得·圣吉在《第五项修炼》中描写的职场新人一样浑身是好奇和动力并渴望做出成绩；而大二、大三时，却只有一部分学生进入了大学生涯快速成长通道，其余部分学生就开始“花自己的时间”做自己看上去似乎喜欢但实际上并无多大意义的事了，开始信念模糊，没有使命感，很难意识到自己的“被需要”，大学规划与调整的激情也很难找到。

大一很重要，大一就是大学多米诺骨牌的第一张，请让它立得更好，更真实。本节主要写给新生群体，望能写一些新生《入学指南》《安全手册》上不一定有的内容，并让这些内容起到提醒辅助的作用，让大学新生更好地端正心态，做更好的大学新生。

### 1. 做自己的老师，开启智慧的人生

都说父母是孩子的第一任老师，其实我们自己才是自己的第一任老师，不经我们自己认可的人、事、物是很难影响我们的，我们自己的声音最容

易打动自己、教育自己、指导自己。

做自己的老师，即自我教育。大学生太需要自我教育了，因为大学不像高中，老师时刻在身边鞭策着我们，跨进大学校门，修行在个人。自我教育意味着，以自己的口吻告知自己成长的心态和方法。

告诉自己，大学就是一个让自己升值的地点。一件旧衣服洗干净、熨平整些可能卖更好的价钱；如果上面再来个明星签名可能就增值更多了！大学四年，你打算给自己来点什么动作，让自己由内而外增值呢？

反问自己，你来大学是干什么的？为什么读大学？把想法写在一张纸上，印在自己的脑海。大部分人的大一看上去是走马灯，但走马灯不要紧，要紧的是在其中找到自己可以驻足深入的事物。有意义的大学是有意识、有意思、有意义的，千万不要被随大溜、随遇而安的思想牵着鼻子走完了大学。

告诉自己，勇敢地科学地打破旧有框架。譬如有些课是肯定要逃的，当遇上比上课还重要的事情时（不要随便逃课，随便逃课就是对自己时间和身份的不尊重）。每次课表制定出来后，我都会编写出属于自己的一套课表。

谋定而后动，回归起跑线，而后跨越新高度。比如，开学了，到处是旅游广告。有些学生迫不及待地报各种旅游团。去一个旅游点，一般是去感受当地的风土人情，感受自然气息抑或文化底蕴。我个人建议是错过这个高峰期，毕竟你不是去感受拥挤和看一群人头的。放心景点不会飞走，先沉淀段时间再说，先熟悉校园的基本情况，更好地融入学校，融入这个全新的环境。当然，如果父母有来学校，带自己的父母去旅游感受当地的景致，则另当别论。

告诉自己，谦虚的人更易受欢迎。大学既然叫大学，肯定有很多“大”的地方，其中一大，就是大有人才，来到大学的很多都是高中学校的“尖子生”，“学生干部”，所以谦恭一些不是件坏事，否则到时班门弄斧、夜郎自大，就会丢了不该丢的脸。

告诉自己，面对现实，顺便原谅高中老师。进入大学，过了段时间，你可能发现高中老师欺骗了你，你所见的大学和高中老师所描述的那个“伊甸园”有很大差别，甚至是大相径庭。但即使再不够优秀的大学也有足够好的校友，假以时日，你会成为母校的足够好的校友吗？

告诉自己，信息永远是重要的财富。关于学校的信息，关于专业的信息，关于自己的信息……获取信息需要发挥“请教”二字的力量。善于请教的人也是受欢迎的人。有些信息你不提前知道，晚些知道时可能就被动了，例如：大一如果挂科会影响到转专业、奖学金、留学名额等。有的时候你做的事情，你认为是对的，却不一定是对的。当局者迷，旁观者清。请教会让我们更清楚地认知自己走的路。

## 2. 做自己的妈妈，开启自立的人生

大学初始，新生会得到很多学长学姐的帮助，很是幸福。有一点新生要记住的是，助班或其他学长、学姐帮助你是志愿的不是义务，学长学姐帮助了你表示感恩，没帮助你当成正常，天助自助者。

新生尤其要有安全意识。有一定的安全常识包括财务安全、用电安全、人身安全等各个方面，新生的《新生指南》或《安全手册》等手册上有详细提醒，这里不再多述。要提醒一点的是：这些入学手册，安全手册等册子可以静下心来细细看看。有很多大学新生根本静不下来去重视这些手册，去细细翻阅。这些手册相当程度上，是站在体制的角度对上大学“游戏规则”的解读，连规则都不懂，谈何决胜大学。莫要别人不重视这些，你就跟着不重视。你什么都跟别人一样，又何来的卓越呢？当然，也建议校方可以把这些手册内容编排得更对“90后”新生及将来的“00后”新生的口味，与时俱进。

从学长学姐这些过来人这里，你还会听到更多地道的经验或教训，比如，不要买太贵重的自行车；不要在偷窃高峰期买笔记本；买电话卡要货比三家；哪家食堂的饭菜好吃；哪家理发店性价比高之类的……学长学姐还会告诉你很多前车之鉴，所以多多请教“过来人”是没错的，即使有些观点时过境迁，今昔有异，但依然不妨把这些当做减少自己走弯路的重要参考。

健康的生活方式很重要。新生初来学校的兴奋和激动心情是可以理解的，但如果经常聚餐喝酒、熬夜上网、K歌等，长时间处在兴奋状态，对身体就会产生伤害。事实上，那些喜欢一窝蜂的学生往往大学生活过得平庸无奇。别人不早起晨练，你可以早起晨练；别人12点前不睡觉，你可以在11点前，看会书，听点轻音乐入眠。你可能担心这样会影响室友关系，我想说室友很多情况下会是四年的室友，你放心，有时间去让他们理解你的，而且一个有原则的人最后往往会赢得别人的尊重。抱着真诚、包容的心融入寝室，并参与建设寝室的文化，如果寝室文化被建设成了棋牌文化、游戏文化、肥皂剧文化，你多少有一定责任。

### 3. 做自己的观众，开启自律的人生

传说普罗米修斯创造了人，又在他们每人脖子上挂了两只口袋，一只装别人的缺点，另一只装自己的。他把那只装别人缺点的口袋挂在胸前，另一只则挂在背后。因此人们总是能够很快地看见别人的缺点，而自己的却总看不见。现实中确实如此，所以经常反观自己，做自己的观众就很重要了。

做自己的观众，更好地认识自我，知道自己要往哪里走。越早知道，我们的行为越早构成正效累积。别急着为自己的前途忧心忡忡，冷静下来

明白现状，改善现状，去发现自己的优势，并发扬它。要知道当代是伯乐常有，千里马不常有。认识自我，学会旁观自己的事情，“不识庐山真面目，只缘身在此山中”，学会“旁观”处事：有些事就像毛线团，我们站在事里处事，就容易产生纠结；学会“居高”处事，许多问题的出现缘于高度不够。做自己的观众，飞上面看看，站旁边瞧瞧，再回去探个究竟寻找方法、解决问题、创造价值。

做自己的观众，倾听内心的声音。人生既然不能彩排，那我们只有在演出过程中不断修正；既然不能彩排，我们就应该更好地珍惜当下，因为我们都在演出，我们就应该问问观众的感受和建议。我们更应该问问自己的感受，自己的建议，毕竟命运由自己掌握，自己就是自己的第一观众。有些事自己想做且确定是正确的，就去做好了。幸福如人饮水，冷暖自知。动机也是如此，正邪自知。比如，上课前帮老师擦个黑板，就不要怕同学说你无事献殷勤；上课积极回答问题，就不要怕同学说你抢风头。高尚的人不会低劣地去看你做高尚的事，低劣品质的人也不会高尚地看你本来高尚的事。勇敢做更好的自己就好。

大学是一个让人回归自我的地方，也是让人实现超越的地方。大学有充足的时间让你去反思自己，发现自己，突破旧自己，创造新自己。静止是相对的，运动和变化却是绝对的，换句话说，今天的优秀与否只是相对过去而言，明天是否更优秀，那要看今天对自己是否有更好的变革。

做自己的观众，就像一个观众看着自己在人生舞台上的表演，或鼓掌，或敲警钟，或拍案叫绝。



## 物质上的贫困，不影响你精神上的富有

我来自一个家境“贫暖”的农村家庭。家庭物质上贫穷，但精神上有

爱有温暖，所以并不贫寒。

进入大学，家庭因一些变故，负债累累，可以说，我属于典型的贫困生。或许是在精神上太富有，大一、大二大部分师生都认为我是不怎么贫困的贫困生，所以，大学期间，我没有领过助学金，生活费成了我第一要解决的事情。

物质上的贫困，并不影响我保持精神上的富有。我以自强不息为信念，通过勤工助学、兼职等方式，去面对挑战，无形中，这些经历慢慢地改造着我的性格、思想和格局，给了我不一样的智慧和财富。这一切又让我更清晰地发现了自己的长短处，从而更好地寻找自己要走的路。

## 1. 在勤工助学岗位上的耕耘与思考——八合班的故事

大一，我申请了一份勤工助学岗位，100 元 / 月，工作是打扫一个合班教室：八合班，教室能容纳约 200 名学生，算是较大的教室，我每周一到周五中午去打扫。教学楼勤工助学岗位时间是中午 12：00—14：00，一般许多勤工助学的学生都在中午 12 点左右签到，12 点半左右搞完卫生。当时的我，还有些特要面子，一般 1 点以后去，那时大部分人都在寝室午休。在家里，我也常打扫卫生，喜欢整洁，在刚打扫这个八合班时，我却没少在心里抱怨：一些学生把粥、鸡蛋、包子、牛奶等早餐带进教室，喂完自己后又把盒子杯子之类垃圾丢弃在课桌里（在后来许多高校演讲及与其他高校学生互动中，知道这在许多大学是个普遍现象），八合班教室课桌是相连的，排与排之间又挨得很近，所以很难处理。天气热时，这些粥类、包点会发出难闻的味道。

我在一行行课桌中来回穿梭，先把课桌里的垃圾用抹布抹到地上，然后把垃圾扫到走道，把垃圾聚集到一起时就是一座小小的垃圾山了，每到这个时候，心里还是有些成就感的，因为卫生马上就要大功告成啦，也意味着在这半个多小时里我赚了 5 块钱，够我当时吃个早餐加中餐了。

刚开始这份工作时，常抱怨：都大学生了，都是社会主义和谐社会建设的接班人了，要不就不要把餐点带到一个学习知识的课堂，万一带过来了，为什么不把吃剩的东西带走呢？以好逸恶劳为耻，以损人利己为耻，以为这是打仗呀，打完了就走。有一次在抽屉里发现一把雨伞，雨伞旁边是一堆蛋壳，还有一包没吃完的酱香饼，当时我的第一想法是在黑板上留下我的电话，等失主来找我，然后把她 / 他狠狠骂一顿，当然最后我没有这样干，把雨伞交到了教学楼传达室，得饶人处且饶人，毕竟每个人都有自尊。

抱怨的日子有快半个月，后来我想通了，抱怨问题又有什么用呢，不如好好想想怎么解决这个问题。我开始每次打扫完卫生后在黑板上写一句“请大家保持卫生”“谢谢大家保持教室卫生”之类的环保宣传：

“我轻轻地来了，没有带一片早餐！”

“我挥一挥手，只带走书本和垃圾！”

“——嗨，你的垃圾！

——不，是你的垃圾！”

“温馨提示：请别忘了带走贵重物品和垃圾！”

这些广告语的出现，起到了好的效果，垃圾有了减少的势头。在设计这些广告语的过程中也给我兼职的生活带来了不一样的乐趣。

打扫这个八合班的时光对我的心态是一个“劳改”的过程，它让我静下心来，思考自己近段时间有没有做得不妥的地方，有则改之，无则加勉。清扫心室一样清扫着这间八合班教室。这份劳动也让我不再把勤工助学当成是丢面子的事，相反，它是一份很值得尊重的工作，也是很光荣的一份工作。八合班的故事，放在心里，提醒着我尊重劳动和劳动者，提醒我不抱怨、要乐观，苦中都能寻乐，有乐更要珍惜。

## 2．摆地摊摆出开朗的性格

在大学的差不多前半部分，除去相应的学生工作，我是个“生意人”，有人叫我陈老板。

大学里，我和同学合作卖过我们学校纪念版的扑克牌，牌名为“湖南科技大学纪念版扑克牌”：把我们学校的校门、樱花、建筑楼等风景拍成照片，作为扑克字面的背景图案。我叫上了我大学里玩得特别好的死党屈豆豆同学和我一起卖，我们常摆摊在人流大的食堂前。

刚开始我有些放不开，尤其是怕看到熟人，我会想他们会怎么看我呢？我似乎都在他们眼神里读到“看，读书读得好好的，做什么生意”“见钱眼开呀，掉钱眼里去了”“大学里，竟然卖扑克，下次卖麻将桌得了”……我更多时候就负责搬运下扑克，有时干脆扮演买家，到那里挑照片，“喃喃自语”道“这照片拍得还不错嘛！”“这扑克挺有创意的！”……豆豆同学当时比我放开的多得多，可见他当时的修炼比我要高深，修养比我更好。

觉得畏缩着不给力，太不男人！我开始硬着脸皮去卖扑克，开始吆喝“帅哥，看看我们学校的纪念版扑克牌吧！”“美女，看看这精美的照片吧，买一盒纪念下？”像模像样的我做起了我的“生意”……

卖扑克的过程，既锻炼了自己的口才，更重要的是对我的性格改造起到了很大的帮助，我开始慢慢把面子放下，因为总想着别人怎么怎么看我，真的是我们自作多情。试想，我们路过别人摆的地摊时，心里会有很多很多想法吗。关键是自己知道自己是在做有意义的事情就好。通过这些摆地摊的经历，我的内心变得更强大，变得更加开朗。

### 3．不倡导大量兼职，但倡导根据需求去实践

大一和大二的上学期这段时光，大部分时间，我除了学生工作（含专业学习）就是兼职：做完手里学生工作后，我兼职；做完兼职后，我做学生工作。如果把两者比作河流的两岸，那站在此岸，彼岸就是我的休息方式。在大学里我除了卖扑克外，还在圣诞节卖过苹果，开学时下寝室推销过移动卡，大风雪的天气里和伙伴在本校和周边学校贴宣传单，毕业季里回收大四学生的插板、电风扇等转手卖，出租摩托车，另外就是做过一些餐厅兼职和兼职中介。

兼职的初衷就是赚钱解决生活费，结果是生活费肯定够了，更重要的意义却在“弦外”：我认识了很多朋友，也收获到了能力的提升，譬如：策划组织能力、销售能力、交际口才等，并且我心理上变得更加成熟，懂得了更好地去珍惜、去感恩。这一段段赚钱的经历也为我后来的学习储备了部分资金，更为后来的创业萌芽多少制造了气候。

要特别提醒的是，如果你毕业后是靠专业吃饭，凭专业去实现理想的话，肯定需要花更多心思在专业研究上，这时就要减少在学生会、兼职等方面所花的精力和时间。赚钱永远都不该成为一个大学生在大学的主要目标，以后步入社会有更多机会，而且如果大学仅为了赚几个钱，浪费了大量给自己打基础的时间，给自己充电的时间，就得不偿失了。

大学前期的这些历程，我从来都不后悔，因它的丰富多彩而让回忆产生连绵的味道；我就像一个张开臂膀的小伙扑向梦中情人般的大学，捕捉每一缕芳华。

## 大学生精力分配，要呈“T”字形

记得小时候贪玩，每逢春节，我常和一些朋友去用小雷炮到河里炸鱼，单个雷炮扔水里，效果很有限；我便和朋友们约好，一起把鞭炮扔到一处水域，往往效果就十分明显。

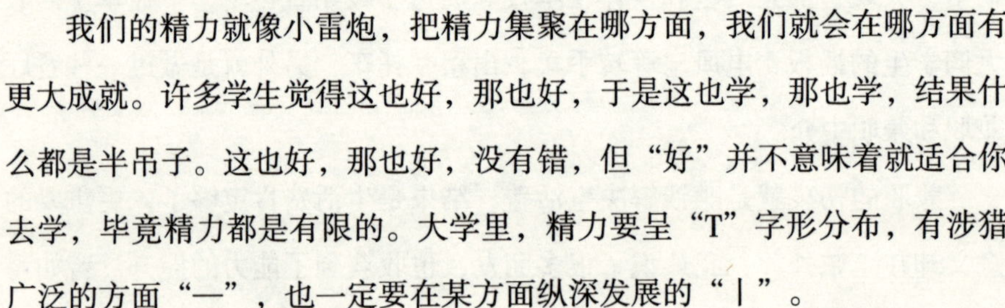

我们的精力就像小雷炮，把精力集聚在哪方面，我们就会在哪方面有更大成就。许多学生觉得这也好，那也好，于是这也学，那也学，结果什么都是半吊子。这也好，那也好，没有错，但“好”并不意味着就适合你去学，毕竟精力都是有限的。大学里，精力要呈“T”字形分布，有涉猎广泛的方面“一”，也一定要在某方面纵深发展的“丨”。

大学里，表面看我的大学经历很广泛也很丰富，本质是寻得方向后我纵深发展的“丨”一直在演讲这一块，以所创立的晶口才团队为载体，在这个“丨”上我坚持了三年，现在仍然在坚持。找到这一“丨”需要根据自己的志趣、优势，对自己有较客观的了解，这个“丨”也是在一定的经历基础上被发现的，发现后还要行动去坚持。

### 1．找到精力纵深分布的地方——演说之梦萌芽

2010年4月，当时是我大一下学期，在我校的俱乐部礼堂，我听了一场一位校友的演讲。演讲很成功，掌声时起，可见听众对演讲者的高度认可。演讲临近结束，主办方提出可以开放5个名额机会让听众向主讲人提问。这是一个多么好的近距离学习的机会，我顿时感觉有很多问题想请教校友，可现场有1000多人，话到了嗓子边，愣是不敢当众提出来，想等等看，先等别人提问，估计这种等等看的人现场不少，过了一阵后才有人举手提问，而且几个提问者中，有个别对主讲人的称呼、自我介绍、一声谢谢等

都没有，这个互动问答的环节，我终究是没有提问，因为当我想提问时，已经没有机会了！这个看似普通的事情却让我触动深刻，面对一个在公众面前本可以大方自然的提问，什么时候我们竟变得如此“含蓄”，如此胆小，不敢公众发言会让我们错失多少机会啊。大学生的表达能力需要提升，我是否可以在这方面有所作为呢——这个念头一闪，我抓住了这个念头。沟通表达无处不在，表达的好坏直接影响说话者给人留下的印象、事情的进展和人际关系，我立志改变自己的表达现状，并影响更多人更具魅力地沟通表达。

大二上学期，我课外时间更多的是学习演讲视频、演讲书籍、听讲座、参加演讲培训，发现演讲是一种输出和分享，要输出就要有更多的输入，后来也看更多其他的书籍视频，并丰富自己的经历，夯实自己的思想基础。

后来，我决定组建一个团队，吸引志同道合的朋友一起学习演讲，当时团队的名字我都没有想好。2011 年 2 月底还未开学，我和约好的同学就来到学校。为了学习交流更方便，也为了让团队成员更有归属感，我在校外租了个场地作为学习交流场所。租了场地后，才拟定团队的名字，取名“晶口才团队”，取名“晶口才”的缘由是“晶口才”谐音“金口才”，能体现口才的重要，而且水晶的“晶”有一种晶莹灿烂的感觉，代表魅力，寓意学好口才让大学生更具魅力。

## 2. 首届晶口才“演讲与口才经验交流会”

纸上得来终觉浅，绝知此事要躬行。我决定通过亲自去演讲、举办演讲口才学习经验交流会、早读等形式去唤起大学生对演讲与口才的重视，分享演讲与口才的学习方法。

2011 年 3 月 12 日、13 日，是周六周日。3 月 12 日也是植树节，一个美好朝气的节日。我决定在这两天举办一届“演讲与口才经验交流会”，也是晶口才团队举办的第一届演讲口才交流会。

为扩大这次活动的知名度和参与度，晶口才团队伙伴提出想法：在当月6日星期六晚举办一场70人左右的公益讲座，由我来主讲。伙伴们紧锣密鼓地准备起来：音响话筒准备、海报粘贴（有点当年李阳、俞敏洪办演讲的感觉）、电话短信邀约……演讲那天，一伙伴打电话告诉我“一切都准备好了，你来个人就好”。这是我第一次在大学学校面向这么多人正式演讲，感触很深，上台前做了好几次深呼吸。当掌声响起，走入教室，我被全场爆满200多人震惊，突然想起伙伴常说的：目标从来就不是用来达成的，而是用来超越的！演讲中，我分享了演讲与口才对竞选、面试、领导力等的重要性，分享了自己通过学习演讲与口才带给自己在自信和性格方面的突破，并借助这次演讲讲述了自己的故事和梦想，这次演讲在技巧层面或许并不成熟，但我全身心地真诚地去讲，听众也很有热情，演讲时长90多分钟，突破从此开始。后续晶口才团队又举办了几次讲座。

3月12—13日，在一个会议室。当时来了50余人，大家基本以AA的方式分摊了租会议室和布置会议室的成本。交流会上，大家畅所欲言，踊跃上台，勇敢突破，才艺展示，合影留念……活动可以说是圆满成功。就这样首届晶口才“演讲与口才经验交流会”成功举办。

3月12日是植树节，这一天也是所有晶口才伙伴值得纪念的一天，这一天，晶口才人种下了梦想的种子，我们把3月12日作为“晶口才”正式成立的日子以及晶口才的节日。

### 3. 建设有使命的晶口才团队

参加完第一届晶口才经验交流会的同学积极宣传晶口才，加之前期的宣传铺垫，陆续有人要报名晶口才举办的“演讲与口才经验交流会”，团队趁热打铁，在接下来的两周，连续举办了两届晶口才“演讲与口才经验交流会”。

就这样风风火火地走过了将近一个月时间，在这个早春三月，连续三个星期，共开办三届演讲与口才经验交流会，参与人数超过 150 人。期间，我们也把从原来的场地搬到了一个更大的有 100 余平方米的场地，我们把它取名“晶口才工作室”。我们为工作室添置了近 50 把凳子，并自己买材料搭建了舞台。后来我们又为工作室配备了音响、话筒、投影仪，一个方便大学生练习演讲的绝好场地“晶口才工作室”就形成了。后来这个工作室也成了我注册公司的地址。

在演讲和举办经验交流会中，我们也增进了晶口才团队伙伴感情，又有新的志同道合的大学同学加入团队，一起推广演讲与口才的方法。“演讲与口才经验交流会”成了当时晶口才团队的品牌活动。

晶口才团队成立初的简单动机就是：志同道合的同学一起学习演讲口才。随着时间的推移，晶口才有了逐步的发展，且有了更高远的使命追求：协助高校培养人才，为大学生提供成长舞台！这是一个朴实落地的使命：于高校而言，晶口才维护学校教学管理秩序，做一个协助者的角色；于学生而言，晶口才不倡导浮躁的成功学，倡导务实的有用学，为大学生提供成长操练的平台。

## 4. 发表有使命的演讲

4 月，我去上海参加了演讲与口才的专业训练，得到了更多启发，更加明白演讲的内涵，对演讲这门语言的艺术也有了更大的热爱，我悟到演讲者当有使命，上台就要发表对听众有用的内容，通过演讲触动听众的感觉，传递正能量，听完演讲后采取更好的行动。

我带着晶口才团队贴海报，发传单，一场场地举办演讲，踏踏实实地去分享，因为我是怀着晶口才的使命在演讲，我也怀着个人的使命在演讲。

我个人的演讲使命就一句话：让听众听完我的演讲后在思想上有突破、在行为上有改进、在结果上更美好！我认为，每一次演讲，哪怕只有一个听众因为我的演讲而受到启发，让自己进步了，都会是我演讲的价值和意义。

大学期间，通过晶口才团队举办的演讲活动、受一些单位的邀请等方式，我在 50 多所大中小学，在多家单位累计演讲至少有 200 场。其中，面向 1500 人发表过演讲，也面对过 3 个人演讲一个半小时；去过名校，去过山区；有过鲜花掌声，也有过质疑；有过鼓励，有过嘲笑；有人说我年轻，我却认为演讲这门艺术与年龄没有直接关系，年轻，让我反而和听众走得更近，交流彼此的观点；我有过迷茫，也充满期待；我挥洒着汗水，也流下过泪水；我享受过荣光，也背负过压力；我满腔热血地奋斗，也曾在多少个深夜摸着晶口才工作室的一桌一凳彻夜难眠。

做一个有使命的演讲者，通过演讲这门艺术承载使命、传递价值，点亮更多人的生命。

## 自己做什么，才不会毕业就失业

大学生和职场人的距离不是靠 2 个月的实习。我个人把一个大学生在大学期间去了解一些职场的事情，培养一些利于职场的素质之过程理解为职场化；把一个大学生增强适应社会的能力、学会更好地融入社会的过程理解为社会化。因为职场是社会的一部分，所以便于理解，我上述过程非学术性地定义为职场社会化。

大学期间开始逐步职场社会化，暂且不说可以让一个大学生一毕业就可以跟职场无缝对接，至少可以让他在素质和心态上更好地备战职场。职场社会化让大学生大大减少了毕业就失业的概率。

## 1. 职场化是一个过程

大四才准备职场事宜，就像结婚前一天才准备婚礼，战争前一天才准备军粮，未免仓促。职场化是一个过程，从大一就可以开始。先飞的其实是聪明鸟。我觉得我的大学也是一个让自己职场社会化的过程。

大一，四分之三是大学生，四分之一是职场社会人；

大二，四分之二是大学生，四分之二是职场社会人；

大三，四分之三是大学生，四分之一是职场社会人；

大四，完完全全接轨职场社会。大学为三年或五年的同等类推就好。

人才战略是企业的第一战略，“职场培训”、“打造学习型组织”耳熟能详；在大学期间参加一些适合自己的培训，给自己充充电，提升专业技能，提前适应社会，增强自己的创就业能力，自然是合情合理。

## 2. 准备自己的职场素质

有一个在职场员工培训中很经典的故事：

小王和小李两人同时受雇于一家超市。起初大家都是一样的，从最低层干起。可是后来小王很快就受到了总经理的青睐，一再被提升，很快就升到了部门经理的职位，而小李还是在原地踏步。终于有一天，小李忍不住提出了辞职的要求，并且说总经理不提拔那些勤快的人，却提升那些不做事爱拍马屁的人。

总经理很耐心地听着小李的话，他知道这个小伙子是个很勤快的人，工作也很吃苦，但是总觉得他少了点什么东西。突然，他有了个好的想法：他让小李去看看集市上今天有什么卖的。不久后小李回来报告说：刚刚集市上只有一个农民拖了一车土豆在卖。

总经理又问：那一车土豆大概多少斤？小李又跑出去，然后回来报告说：十袋。

价格是多少？于是，小李又再次跑到了集市上……

总经理望着气喘吁吁的小李说：你先休息一会儿，看看小王是如何做的。

于是总经理对着叫过来的小王说了最开始要小李去干的事情。

过了不久，小王从集市上回来了，汇报说到目前为止只有一个农民在卖土豆，有十袋，价格适中，质量很不错，他带回来了几个让经理看看。这个农民过一会儿还会将几袋西红柿出售，据他看，价格也合适，公司可以考虑进一些货。这种价格的西红柿总经理也许会要，所以同样带回来一些样品。而且，农民他也带了过来，正在外面等着回话。

总经理望了脸红的小李一眼，说：让那个农民进来。

我想这个故事早点让大学生看到，让大学生在大学期间就开始有“把事情做到更好”胜过“只是把事情做完” 的观念，在大学期间就开始明白职场中人与人之间的差距是怎样拉开的，这就是一件很有意义的事。

（1）行业知识储备

关注行业发展的最新资讯和动态；研究行业中知名企业的发展史；对经典的策划案例举一反三。例如：自己学的是物流专业，就要对物流行业的最新发展动态、国家政策有相应了解。因为有些教科书里的部分内容是跟不上时代的发展变化的。作为学生，就要积极去探索教科书外，课堂八小时外的第二课堂，通过网络、书籍、调研去丰富与活化自己的理论知识，提升自己的运用知识和实践的能力。

在课外阅读学习中，了解职场的礼仪，了解一些公司的运营模式，掌握一定的创业知识，对一个大学生更好地由大学过渡到职场是很有帮助的。

（2）职业性格、习惯的养成

不同的职业需要不同的性格习惯，需要具备与该岗位匹配的职业能力。技术类的行业需要思维缜密，严谨创新；营销类的职业需要开朗、善于交际；服务类的工作需要细致细心；统筹类的工作需要具备领导力、亲和力、组织策划能力。你将来要从事的工作需要具备怎样的性格、习惯、能力才是最好的？现在就开始准备吧。

## 3．正确地评估未来

现场给大家算了一笔未来的最基础的一个生活成本的账目。

一个家境普通的大学生毕业后，20 年内过基本小康生活的开支粗估，按照紧缩的方式来计算成本：

| 费用项 | 平均每月开支（元） | 平均每年开支（元） | 20 年合计开支（元） | 备注 |
|---|---|---|---|---|
| 个人生活费 | 1200 | 14400 | 288000 | 少吃地沟油，少生病 |
| 电话费 | 150 | 1800 | 36000 | 省些话费多联系家人 |
| 父母抚养费 | 1500 | 18000 | 360000 | 祈祷父母健康平安 |
| 买房 + 装修费 | — | — | 600000 | 不是京、沪 |
| 物业费、电气费 | 300 | 3600 | 72000 | 大功率电器慎用 |
| 买车费 | — | — | 120000 | 倡导低碳低排 |
| 保养 + 加油费 | 1000 | 12000 | 240000 | 加油请加 93# |
| 结婚费 | — | — | 50000 | 真情在就好，不攀比 |
| 和家人旅游费 | — | 10000 | 200000 | 出国的话是机票费 |
| 1 孩子生活费 | 1000 | 12000 | 240000 | 别买便宜奶粉、玩具 |
| 1 孩子学杂费 | — | 3000 | 60000 | 少参加课外培训班 |
| 人情费 | 300 | 3600 | 72000 | 朋友亲戚生日聚会礼物、过年发红包等 |
| 体检、医疗保险费 | 100 | 1200 | 24000 | 只是说体检、医保，不含看病 |
| 合计 | — | — | 2362000 | 切记：已经很精打细算了 |

毕业后20年内过基本小康生活精打细算的标准算出来是236. 2万元，平均每年11. 8万元可以过的是基本生活。

这些都没有算你在肥皂剧中看到的那些激起你虚荣心的东西，没有算你的那个“环游世界”的梦想，没有算你过“小时代”的梦想……

这只是对生活层面的一个基本估算。对于如何更好地实现自己的社会价值和个人价值，我们需要正确地认知自己，发现自己的长处，扬长避短，挑战未来，实现在某一个或几个领域的纵深发展，同时又平衡好自己的家庭、学习各方面关系，实现全方位的健康成长。

畅想未来不是为了活在未来里，而是为了更好地活在当下。就像在导航仪上输入终点，不是要当即就到达终点，而是根据终点及时选择最佳的线路。

从虚幻的网游中醒来，从肥皂剧中醒来，从把迷茫当不努力借口的混沌中醒来，回到自己的青春奋斗中去吧。没有路，就努力地找路；有了路，就把路走得更好、更精彩、更有意义！



## 科学地管理时间，你的大学可以有八年

你的大学至少有八年时间，如果你懂得更好地管理时间。重点是，高性价比地用好我们的大学时光，意味着我们可能实现比一般大学生要用八年才能实现的成绩、成长和价值。

生命是自己的，时间也应是自己控股的，支配时间就意味着主宰生命。相比中学时代，大学里自己控股的更多了，更应该合理地规划时间。这里采用了一个大篇幅来写时间管理，因为时间管理对生命的质量有着绝对的重要意义。

时间就如脚下的路，怎么走脚下的路？踩着脚下的每一段路走向何

方？有着不一样的答案和意义。驴子拉磨走了千里的路，却还在原地；有人活了100岁，却在一条狭隘的小道上蹉跎了一生；有人远没活这么久，却走出了一条感动祖国乃至世界的路。如何走好人生的路，几乎决定了你选择付出时间的方向、使用时间的方式。付出时间的方向即把时间花在哪里，侧重围绕事；使用时间的方式即如何对待时间，分配时间，侧重围绕时间。围绕事情、围绕时间两者并非对立分裂，两者都重要，但有主次之分，高明的时间管理是以围绕事情为主，围绕时间为辅。两者的灵活运动是时间管理的双维之道。

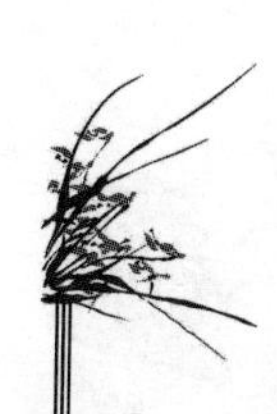

### 1．管理时间要先学会精细化管理事情

一般来说，一个人活多长时间并不是衡量他人生价值和意义的重要标准。一个人一生中做了什么才是衡量人生价值的重要标准。上大学上了几年肯定不是衡量一个大学生上大学价值的标准，一个大学生大学里做了什么，创造了多大的价值，成长了多少才是衡量其大学价值的重要标准。而且每做一件事情都会花或多或少的时间，所以大学生进行时间管理首先要学会精细化管理事情。

人没有三六九等，但事有三六九等。根据自身具体情况选择相应标准，对事件的分类和排列为：重要又紧急的事情优先做；重要不紧急的事情安排到临近紧急的时间前做；不重要也不紧急的事情干脆不做。事情从喜欢和应该的标准，可分为喜欢做的事情，不喜欢做的事情，应该做的事情，不应该做的事情。喜欢做的事情可以不做，不喜欢做的事情如果应该做就乐观面对。不应该做的事情坚决不碰，应该做的事情毫不含糊，可以交给别人做的事情就放心授权。要充分利用时间，更要在安排好的足够的时间内把重要的事情、有价值的事情、答应了别人的事情、自己非常应该做的事情淋漓尽致地做好。

对于大学生而言，自己的学习成长肯定是件重要的事情，可惜是有些学生花了大量的时间在无聊的闲聊中，花了大量的时间在不需要太多智力的兼职中，花了太多的时间在赚外快中，从价值大小的角度来看，高效率的完成低价值的事情，是许多大学生的通病。

学会计算做一件意义不大的事情的成本。要知道看 2 小时的肥皂剧的时间，自己也可以在网上看有意义的名人讲座视频；参加一次无太多意义的无聊活动，自己也可以用这个时间去孤儿院送去礼物和温暖；上课睡一个半小时的时间，自己也可以看 20 页书籍……不要让自己在无关紧要的事情上“忙死了”，“忙”字，左边一个“心”，右边一个“亡”字，可见“忙”并不是一种和谐的状态，合理的安排事情，对一些明知必然浪费时间的事，要学会“say no”以便给自己腾出更多的时间做更有意义的事情，在更有意义的事情里优先做当下最重要的事情，就不会那么“忙”。

人最怕不知道今天一天到底忙了什么，到底有什么样的收获和成长，到底实现了什么样的意义，终究有一天，也会不知道这一辈子到底忙了什么，到底产生了什么样的价值和意义，因为人生就是无数个一天的几何相加。

## 2．做自己的主人，先做时间的主人

如何合理利用时间？如何在一生中向天再借 500 年？如何把三、四、五年的大学过成八、九、十年的价值？——做自己的主人，先做时间的主人。做时间的主人，养成好的时间使用习惯，提高时间使用的性价比，让单位时间平均创造更好更多的结果。

做人不一定要有优越感，时间使用上一定要有优越感，要让自己的时间具有自己的生命和性格。在照顾集体利益的基础上，时间的安排要尽可能融入自己的风格和原则。在使用时间上没有原则的人更容易被无原则的

对待。

公布行程安排，合理地拒绝别人的打扰。拒绝不是目的，目的是尊重自己的原则，对方下次也会找到更合理的时间来处理一些事情。

时间贵于钻石。同质量的一颗大钻石的价值大于相应质量的多颗小粒钻石。不要轻易敲碎了大钻石。整块的时间就专注于一到两件重要的事情。空余的碎片化时间做什么？或休息，或做一些轻松的准备工作，或做一些简单而有累积意义的事情。比如大学里受《草根榜样》作者，短信文化发起人杨林生老师的启发，我每天花 5 分钟时间发一条短信与朋友分享每天的成长收获，坚持了 465 天，后来整理这些短信时，竟发现有 4 万余字之多。所以用零碎时间去养成一个习惯，去做一些具有累积意义的小事情，不失为一件好事。小石子可以铺成大道，零碎时间也可以成就大业。

给所做的事情设定时间限制。帕金森定律表明：只要还有时间，工作就会不断扩展，直到用完所有的时间。所以，给事情的进展定相应期限，断了退路，比如，提前告知对方我会几点前把某文件发送至其邮箱。此外，学会不接受没有期限的诺言，诺言没有期限就是谎言。

### 3. 向工具要时间

我对工具的理解是，工具是能减少工时，提高效率的器具或其他非器具载体。

人类的进程伴随着的是工具的变革，或者说工具的变革加速了人类历史的进程。整个人类历史如此，于个人而言呢，工具同样起着很重要的作用。工具的合理使用可以提高办事效率，节省更宝贵的时间。不过要提醒的是，是人在使用工具，而不是工具在控制人。不要成了“手机控”，这个控，那个控的。

大学里，为节省时间，更高效率的办事情，我对工具是有一定要求的。

我可以说是个“换车帝”和“手机帝”。我的大学有这样的插曲：我买过5辆自行车，过程是：买一辆，骑一阵子，被盗了，再买一辆……我买过3辆摩托车：过程同上。交通工具的改良为我省下了大把宝贵的时间。关于“换手机帝”是我姐姐提醒我的，她说看到我换过至少5部手机，一有条件，我就更新我的工具。能用工具买时间的时候，为什么不使用一些工具呢？要知道，特种兵的特点之一就是他们的装备比普通兵更好。

工具有价，时间无价。

## 4. 警惕盗时贼，及时预防

有许多偷时间的贼，会趁我们不注意，把时间偷走。我们不牵好时间，时间也会赌气跟着这些盗时贼溜走。

（1）犹豫偷走时间。生命短暂，犹豫徘徊，前怕狼后怕虎，就是对生命的浪费。如果说岁月是把杀猪刀，而犹豫浪费时间，可以说犹豫是杀岁月的杀岁刀。不要在犹豫中消耗了最美的青春年华。

（2）焦虑偷走时间。有些人不知不觉慢性中毒在对未来的焦虑，对过去的后悔中却浑然不知，直至生命的消亡。

（3）懒惰偷走时间。举例早起，有些学生就喜欢赖床，其实赖床对补充睡眠来说没有太大的实际帮助。有些同学总是“再睡5分钟马上起床”，或许，哥不是个传说，但“再睡5分钟马上起床”绝对是个传说。

（4）无聊的聊天偷走时间。比如网聊，明明没什么话可聊了，还耗着聊。你耗得起，对方也耗不起。对方有时为了你的面子又不好关了聊天窗口。只好悄悄地隐身，假装掉线。有些人闲谈中，喜欢眉飞色舞，停不下来。个人认为闲聊不超过15分钟，有助于时间观念的加强和情商的提高。

（5）工作前的毫无准备、无计划偷走时间。话说磨刀不误砍柴工，有些人就是“磨刀”这个准备工作的时间不愿意花，结果浪费了更多的时间。

（6）随便放的东西偷走时间。东西随便放，没有固定地方放固定东西的习惯，每次要使用时，到处找，结果浪费了时间。

（7）即趣式的诱惑偷走时间。本来计划做某事，突然被与某事无关的事吸引，我把这称之为“即趣式的诱惑”。以前我上网页，容易被一些新闻资讯吸引，喜欢点击一个链接，在该网页里又看到新的信息，然后又点击，这样突然想起上网的本来目的，时间却已浪费了大半，反思刚刚看的信息意义价值或许也不大。

（8）无意识地让时间流逝。例如，有同学本来是要回寝室拿个手机，一回寝室看到室友在打牌，围观了下打牌，室友说帮忙去隔壁寝室拿个打火机，过去隔壁寝室正在看电影，聊了几句电影，拿了打火机回寝室，然后模模糊糊中到了寝室楼下才发现手机又忘记拿了。

（9）不规律的生活作息导致疲劳，疲劳偷走时间。有一个在时间管理上很容易被忽略又很重要的因素——个人精力！精力旺盛与否会直接影响效率。

## 5．留白是管理时间的艺术

规划时间时，学会留些时间不安排任何事情，留白是管理时间的艺术。

名画的售卖是精确到尺寸来售卖的，要记住：尺寸的计算也计算了画面中空白的部分，也就是说，正确适当的留下的空白和非空白的画面具有同等价值。岁月是幅画卷，涂满五彩斑斓不一定是美，有时来点山水泼墨，甚至留些空白会更有意境。

如果时间计划安排得太紧，就要警惕满满的时间安排表成为不快乐的诱因，这时候，你手上戴的不是手表而是手铐。

就像穿衣服一样，根据不同的场合，有时候是商务装、有时候是休闲装、有时候是运动装、有时候是时尚装，时间的管理也是如此，根据自己的事情安排进展，有时候紧、有时候又该松一点、有时候我们甚至需要忘记时间，拥抱大自然。

留白，留出“玩”的时间。不会玩的学生不是好学生。我们不仅可以想玩，还要敢玩、能玩、会玩。万科王石的爬珠峰、韩寒的赛车、马云的喜欢武术，都是他们给自己留出了玩的时间，而这份玩又带给他们更好的状态。输什么都不能输状态，会玩的人更易保持好心情，相信许多读者都有这种体验：心情愉悦时更容易把事情做好，好的情绪往往能感染更多人，让这些人也更好地处理好手中的事情，从而节省了更多时间。所以，会玩的人更易成为好的领导人；会玩的人更易保持脑袋的灵活状态，好的状态往往带来好的结果。

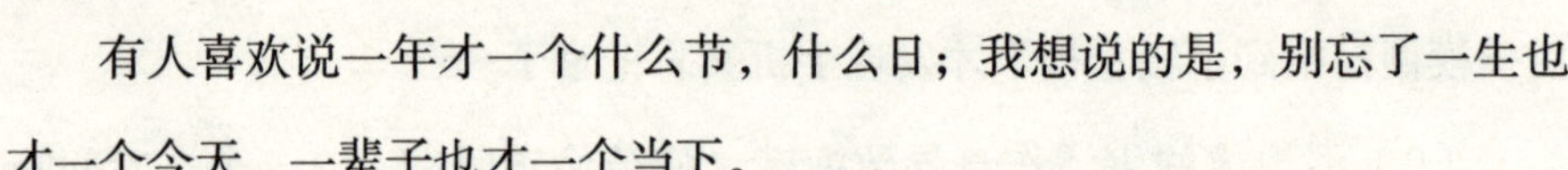

有人喜欢说一年才一个什么节，什么日；我想说的是，别忘了一生也才一个今天，一辈子也才一个当下。

珍惜光阴，把大学过成八年，即刻出发。

# 第三章　走出校园，社会是更大的大学

社会是没有围墙的大学，我们的校园再大，也只是社会中的一个“小大学”，校园外有无数所大学。170多年前，闭关锁国给国家带来了灾难，今天如果我们还偏安一隅，闭关锁校，故步自封，那么，我们还没有毕业，就已被淘汰。大学生，在保证学业的基础上，走过什么地方，遇上谁，经历什么事，做了多少与学分无关、与成长有关的事情，往往影响着你能否在另一方天空展翅高飞。

## 一段改变一生的学习之旅

2011 年 4 月 11—13 日，我在上海格兰云天大酒店参加了为期三天两晚的“魅力演说领导力”演说班，举办单位为上海翎航企业管理咨询有限公司。我在课程前一天到了上海，在距上课酒店 2 千米左右，找了间 50 元每晚的旅馆安顿好，期待着接下来的课程。

### 1．学习第一天，一句话影响一生

11 日一大早，我赶到了上课会场，一走进去，现场有 50 来人，听公司职员介绍，这基本都是企业家——这是我第一次见到这么多企业家，而且是和他们做同学，一起上课，当时我心里还真有些忐忑，我在想他们会不会看不起我呢，会不会不愿意与我聊天呢。主持人通过报数进行学员分组就座。

上午 9 点半左右，随着主持人的介绍，“让我们用热烈的掌声、期盼的心情有请亚洲魅力演说首选导师金学建导师闪亮登场”，金老师穿着一套银白色西装大步走上了舞台，金老师没有过多寒暄，直接开始了授课。金老师的声音特别的具有磁性，演讲的肢体语言也是相当到位。金老师围绕着一个个逻辑展开讲演，以“示范—模仿—纠正—重复”等方式指导学员练习演讲，老师讲课特别地投入和用心，内容直接触动到内心，不仅讲到了演讲的逻辑，还深入地剖析了经营企业、带领团队之道，这些对当时带领晶口才团队的我也是非常有帮助的。

我学得特别认真，一来老师讲的确实特别棒，二来从湖南专程赶到上海学习，我一分钟也不想浪费。课程现场，企业家们学习的特别专注，重要的地方细心做好笔记，积极地回答老师的问题和老师良好的互动。我从心底里对这些企业家升起一股敬意：许多企业家比金老师还年长，企业也做得非常成功，但他们仍旧在谦卑地不断学习。

课程中有专门组内相互分享和上台操练的时间，每一组选一名上台分享，金老师会逐个点评。在台下，企业家们率真坦诚，谦虚好学，积极地分享自己的学习收获和感悟，积极操练，很多企业家从不敢上台演讲，到敢上台演讲；从上台不太会讲，到会讲，学习的效果很显著。逐渐地，我心中那份忐忑消失，积极地融入到课程，和大家打成了一片，也是在这一次学习中，我结识了言奇老师。

第一天，我就有机会上台演讲了，我第一次面对企业家演讲，上台前手心直冒汗，做深呼吸想放松情绪。听到前一位分享者说：有请下一位闪亮登场。我走上舞台，使用了我以前听到学到的一些演讲技巧和习惯，尽管感觉脸涨得通红，我还是充满激情地发表了 3 分钟演讲，然后如释重负地跑下了舞台。老师点评我时，说了一句，“送军呀，你知道吗？台上那个你还不是真的你。”这句点评留给了我大大地思考。

当天晚上，我一直在思考老师为什么说台上不是真实的自己呢？甚至在想老师怎么可以这样说呢？思前想后，我仔细地反思了自己演讲前的动机和演讲中的思想状态，终于找到了原因：上台前我可以说是为了分享而分享；台上演讲时，为了有个好的气氛，我过于重视一些与观众互动的方式，过于注重技巧，分享的重点没有充分体现，没有自己鲜明的观点——这确实不是我所想要的，那确实也不是真实的自己。上台演讲和写作文一样贵在自然、贵在真实、贵在真性情，金老师舞台上那种自然的流淌，那种倾心倾力的分享，不正是他的魅力所在吗？

金老师那句提醒“台上那个你还不是真的你”成了我第一天学习最重要的收获，也成了至今影响我的一句话，就像现在我也会时常反思，这是真实的我吗？我没有跑偏吧。起心动念，差之毫厘，谬以千里。肃正心念，才可能有更好的结果。

## 2. 荣获课程现场演讲 PK 赛冠军

学习的第二天，老师公布了第三天下午会有一场演讲 PK 赛，每人演讲十分钟，严格从内容、语调、肢体语言、激情、气质、逻辑、现场成果七个方面评分，演讲主题为“最感动的一件事”，演讲只评出一名冠军，冠军奖金将近一万元现金，另还有大礼。每一组派两名选手上台参加PK赛，参赛名额非常有限，老师一问谁要报名，我赶紧举手。老师补充道，报名参加演讲比赛的报名费是 500 元，取之于民用之于民。我迟疑了一瞬，我知道钱包里只有 400 来元，是我准备交住宿费和买回程火车票的，但马上我转念下了决心，自己既然来了上海，就是为了学到东西，学习效果最大化，参加 PK 赛可以让自己的学习得到升华。我果断地向同组的通港物流的陈松云陈总借了 100 元报名了 PK 赛。报了名，我口袋就剩 31 元 5 角钱。

当晚我没钱交住宿费，于是退了房，转战网吧，这丝毫不影响我准备演讲赛的热情。我就开始积极准备演讲——“最感动的事”，当晚还请晶口才团队的伙伴给我发了一些感动的故事，最后我觉得我讲自己的故事是最贴切的。我回顾了自己的过去，感动的事情很多，当回忆起我跟我父亲的故事时，不由得流下了眼泪，父亲的勤劳本分、坚韧不拔深深地教育着我。我决定第二天的演讲就讲我与父亲的故事。我开始写稿和操练，其间多次陷入了对父亲深深地思念，当晚彻夜未眠。

第三天下午演讲比赛正式开始，参加比赛的选手都穿上了正式的衣服，我有了个大胆的想法，我在家里一般都是穿着背心比较多，待会上台演讲时就穿着背心吧。就这样我穿着背心上了舞台演讲，演讲过程中，我仿佛回到了父亲身边，带着对父亲的怀念，追忆了与父亲最后的时光，演讲过程穿透的是我最最真实的感情，许多听众拿出纸巾，并适时以掌声勉励，演讲恰好10分钟结束，我踏实地走下舞台，我相信这是我最真实的展现，我没有去想演讲的结果是什么，我想我为我的成长争取过，努力过也就不后悔。

公布演讲PK赛冠军得主的时候到了，全场屏住呼吸——主持人的声音响起："荣获领航国际魅力演说领导力演讲PK赛的冠军就是：陈——送——军。"那一刻我万分惊喜又有一份平常：惊喜的是，这么多高手中，冠军竟然幸运地落到了我的头上；平常的是我觉得这一切来得又是那样的自然。

### 3．一切刚刚开始

三天的课程结束后，全班同学和金老师晚上聚餐，觥筹交错间，相谈甚欢。

这次领航之行很是美妙，我抱着奖杯踏上了返回湖南的列车，感觉乘客都投来了嘉许的眼光。一路上我向我的家人、伙伴、同学分享喜悦。一路上我思考了很多，关于过去、现在和未来。这次上海之旅，毕业后的路似乎变得更清晰了……

通过这次学习，我的理念、带领团队的方式随之发生了很多改变，晶口才的发展道路也开始变革，在接下来的岁月里，也走得更专一、更坚定，一个崭新的未来大步走来。

有一种花钱叫投资，有一种投资叫投资大脑，正确地投资大脑，就是投资未来。有些大学生愿意把钱砸给网吧、KTV、女朋友，愿意给自己的女朋友买个很贵的包，却不愿投资自己多买几本书，不愿意参加一些有意义的学习培训，我觉得这是不可取的。在此记录我的一次学习之旅，望在校大学生们也能遴选一些优质的课外课程去充电，去碰撞新的智慧。在学习中沉淀与回归自我，在学习中跨越与升华自我！

学习，成长，永不满足，一切刚刚开始。

## 榜样传递力量——我的师父金学建

做人要有堂堂的魄力，做事更要有堂堂的魄力。

上面这句话，第一次听到，是通过网上一段视频。视频中，一个男人一拍胸膛，道出这句话，掷地有声。这个男人就是后来影响我一生的人，我的师父——金学建。

有师父的人是幸福的。经常听到一句话说“遇对老师，智慧一生”，随着与金老师的深入交往，从金学建老师身上，我学到了很多很多，他注定是影响我一生的贵人。

金老师是领航国际控股集团董事长，公司专业从事企业管理咨询。公司使命：为打造中国企业核心竞争力而服务，使其更具国际竞争优势而奋斗！使命在金老师心里不只是一个口号，金老师说他所做的，做他所说的，其使命在脚步上，在行动上。金老师的行程安排非常满，经常奔波于各大城市。金老师是一个非常讲究实战实效的人，非常注重客户价值实现，常抽时间亲自跑到客户的公司，为客户的公司诊断问题，并提供具有建设性的意义和方案，让许多企业家受益匪浅；可以说大部分时间，金老师不是正在为客户解决问题，就是正在去为客户解决问题的路上。记得有次金老师生病了，但他还是坚守使命，走上讲台。

金老师是一个非常具有大爱的人。金老师爱公司成员像爱家人一样，称呼公司成员为一起共事的伙伴。他在精神和财富上给了伙伴极大的支持。金老师如是说：“当你愿意把一切都奉献给大家的时候，大家都会回过头来帮助你，这是相辅相成的，团队之所以有向心力、凝聚力和战斗力，那是因为有绝对责任心、使命感，而且有绝对高度、大爱、大舍的老板，有一个领袖级的人物在上面引导。你之所以这么舍得，是因为你有那么多优秀的伙伴，他们没日没夜地为客户去服务，他们理应得到回报。他们希望能照顾好家庭、父母，既赚到了钱，又实现了自己的梦想，他们自然会在你的企业好好干，即使别人来挖他们，他们都不可能走，这就是信仰的力量。从信任到信念，对领航有一份信仰，这就是企业文化，我们会凝聚每份力量，创造丰盛人生。”

金老师常常会带领公司做一些慈善活动，帮助那些需要支持的人，向孤儿院、敬老院等捐款捐物。金老师非常关注大学生的成长成才。他受邀在江南大学、东华大学等高校演讲，推动大学生的成长成熟，提升大学生的竞争能力。

晶口才的发展与金老师有莫大的渊源。金老师在晶口才团队的发展中起到了重要的掘进作用。金老师说，不管晶口才的创业伙伴毕业后去哪里工作，都要更好地学会为人处世，他本人和领航国际都会支持他们的成长成才。

记得 2011 年 9 月的一个中午，我接到了金老师的电话，很是惊喜。金老师问我晶口才团队发展得怎样，然后问我有没有什么需要帮助的，我说能受到金老师的智慧指导就非常开心了。金老师告诉我公司很支持我们大学生创业，相应的智力支持是必需的，随后又关切地问我在资金上有没有什么困难。当时团队刚付房租，且在开学期间宣传费用也比较大，在资金周转上确实有一点点困难。我如实回答老师有一点点资金缺口，大概是 3000 元。不可思议的是，金老师第二天就请公司财务张记文往晶口才账户打了 1 万元，作为创业赞助。团队伙伴备受鼓舞，很是感动。

2011 年 12 月 2 日，金老师和助理倪国涵老师从上海飞抵长沙，我和伙伴罗粤文到长沙机场接两位。金老师这次是专程应邀来我们学校演讲，并给晶口才团队面对面地进行创业和人生规划指导。当晚演讲现场爆满，约500位我校学生有幸聆听了金老师的精彩演讲，演讲持续了近两个小时，演讲后金老师与现场观众互动，耐心地为观众答疑解惑，推动大学生的成长、成熟。演讲结束，许多学生久久留在现场不愿离开。第二天上午，金老师又为晶口才创业团队伙伴进行了一上午的精彩分享，伙伴们表示受益匪浅。离开时，一个不可思议的事情又发生了：金老师请助理倪国涵又塞给团队1万元，鼓励晶口才团队再接再厉，虚心学习，不断成长，为大学生树立榜样。

2012年3月12日，是晶口才团队一周岁的日子，当晚在一家酒楼大会议厅举办了“爱与支持·晶口才教育一周年庆典晚会”，应晶口才邀请，现场莅临了200余位师生。还有台湾钧晟集团董事长姜惠茹、香港伟达贸易服饰有限公司董事长何家辉、长沙铭晨日化有限公司总经理张宗铭等十来位企业家，全场座无虚席，会场两侧、后面都站满了人。活动开始了15分钟左右，一伙伴跑来告诉我说金老师到了现场，我随口回道，这个时候开什么玩笑呢？伙伴很认真地告诉我，是真的。我站起来回头往后面看，不可思议的事——人群中金老师穿着大衣戴着鸭舌帽，相当具有隐蔽性——集智慧、名望与大爱于一身的金老师居然就站在晶口才晚会的人群中，眼中饱含鼓励，默默地观看着晶口才的活动。那一刻我的惊讶、兴奋、感激无法言喻，我相信和我同感的还有现场的每一位晶口才伙伴。我赶紧请金老师前方入座，主持人邀请金老师上台发言。金老师上台极大地鼓励了晶口才团队的创业，同时与现场大学生分享如何更加精彩和有意义地度过大学。金老师演讲完毕，又一件不可思议的事情发生了——金老师从包里拿出早就准备好的1万元当众赞助给晶口才创业团队——金老师从上海不远千里赶到湖南为晶口才团队庆生，而且还神秘莅临，制造惊喜，晶口才团队就已经相当感动，而金老师的这一举动，感动的不只是晶口才，还有现场200余名观众，他们看到了金老师对学生的栽培，前辈对后辈的关爱，以及金老师对大学生的拳拳爱心和用心良苦。

自2011年4月结识金老师以来，金老师给予了晶口才创业鼎力支持。我和晶口才伙伴陆续参加了领航国际举办的“增长模式”“超级演说家计划”等金牌课程。经过申请，晶口才团队许多伙伴寒暑假在领航国际控股集团进行实习，领航国际公司总部在上海，全国多地有分公司，大部分公司职员都是“80后”“90后”，公司朝气蓬勃，并以“正念、利他、真实、快乐”的文化薪酬体制非常照顾公司伙伴；晶口才伙伴在实习中认识了更多的企业家朋友、学到了更多的经营管理团队的经验方法、在演讲技能和知识体系上有了更多的突破，这一切对晶口才的转型发展和晶口才伙伴的成长起到了巨大推动作用。

一次在上海领航公司的实习中，金老师请我为公司新伙伴做职前培训，并当着新伙伴的面说，陈送军老师会是一个对领航教育系统产生巨大推动作用的人物，这句评论给了我极大的鼓励，我一直铭记在心，化作前行的动力。金老师对我说，可以把他当成大哥就是。这一切又是多么的亲切踏实。

当认同一个人的时候，他的思想言行就更容易对自己产生影响。金老师的许多思想理念、知行合一对我的影响是最为深刻的。

一次金老师在白板上画了一个十字架，在四个区域内分别写上四个字：改、进、变、化。问我这是什么词语。我答了四个词语：“改进”“变化”“改变”“进化”。金老师告诉我这四个词语是相互影响的，改进会产生变化，变化可以推动事情的进化等。通过这种方式，金老师告诉了我创新的重要性，精进的重要性。

有一次夜晚与伙伴和金老师一起在上海外滩散步，刮着风，颇冷。路上遇到一位卖玫瑰花的老奶奶，金老师很礼貌地问老奶奶玫瑰花多少钱一枝，然后没有还价买下了老奶奶手里全部的花，一枝枝送给我与同伴，看到老奶奶脸上洋溢着笑容和连声地感谢，看着同伴的开心，我瞬间又学到了一课：要让自己的存在带给更多人快乐和幸福。

金老师的魅力演说让我发现了公众演说的重要性，发现了自己在公众演说上的爱好。可以说，金老师教导了我演说的态度和技能，打开了我演说的开关。

金老师培养了很多企业家成为超级演说家，推动公司团队打造，事业发展，金老师的卓越表现，让我立志做一个于社会有益的超级演说家、教育家，以帮助和推动更多的人学会公众演说，提升沟通的品质，乃至推动人生的发展。可以说金老师又引爆了我的梦想。在梦想的牵引下，我不断前行，大学里巡回演讲、创办公司、购买宝马、出书……让我——一个从大山农村走出来的大学贫困生，未曾想象的梦想排着队，一个一个实现。

金老师非常博学，他已成功向近40多位世界级导师学习进修，现在每月都有学习计划，金老师已经如此优秀，如此具有成就，依然是虚怀若谷，热爱学习。金老师告诉我，要保持一颗“一切才刚刚开始”的心态，成长自己才是对家庭、公司、客户的负责。在金老师的影响下，我陆续参加了相应的学习，学习中不断总结沉淀，去粗取精，消化吸收，不管取得什么成绩，我都会提醒自己“一切才刚刚开始”。

金老师知行合一。知识的最高境界就是使用。金老师在过去这些年里，在全国各地成功地举办了1800场近50万人的“总裁商道·魅力演说领导力”“增长模式”“超级演说家计划”等一系列训练活动，其中，《总裁商道·魅力演说领导力》在本书发稿时已累计至第82期，每期人数逾100位企业家。通过训练，金老师服务了逾万家企业，帮助这些企业家学会了公众演说，提升了领导力，帮助公司业绩增长。

金老师经常说，更好更快的成长需要比努力还努力，比用心还用心！做一个努力的有心人又成了我的信条。

做事要有堂堂的魄力，做人要有堂堂的魄力！

有师如是，三生有幸，感念师恩。

## “贵人”是我们自己找的——言奇老师

有句话说，许多人只关注你飞得高不高，很少有人关注你飞得累不累。言奇老师就是一个既关注我成长高度，也关心我成长质量和幸福指数的人。言奇老师对我的关心是多方面的，如事业、爱情、生活等，推动着我全方位的成长。

结识言奇老师，是在2011年4月，当时的我正读大二。当时我们都在上海参加一个三天两夜的“总裁商道·魅力演说领导力”学习。言奇老师，本名范金良，一米八的个头，是一家服装公司的董事长，经营传统行业十余年，与时俱进，热爱学习，且非常的博学，尤其是在NLP灵性智慧方面颇有造诣，被众多企业家尊称为“企业家导师”。我们很有眼缘，一见面就聊得像老朋友一样，言奇老师不摆架子，极具亲和力，耐心倾听着我的故事，用心分享着他的观点。当时我称言奇老师范总，可以说言奇老师是我的“同学”。



这次的学习，我像是一下子“闯”进了一个新的圈子——企业家圈子，尽管当时和现场的企业家都是“同学”，但心里有道坎，一种自卑心理：大家毕竟都是事业有成的企业家，自己一个毛头小孩凭什么去当大家是同学，就算我把他们都当同学，他们或许也未必把我当同学吧（其实这些企业家大多很好打交道，是我给自己与企业家同学间设了一堵墙）。帮我捅破这堵墙，让我迅速融入企业家圈的就是言奇老师。就餐时，我想一个人去酒店附近的小餐馆吃饭（当时经济很是拮据，出来学习的钱都是借同学的）。言奇老师知道后叫上我一起去酒店餐厅就餐——和企业家同学们一起！餐桌上，言奇老师向大家介绍我，说我是未来的超级演说家，超级企业家，是个好苗子。餐桌上，我和企业家同学互换名片，相互认识；上课时，我们一起听讲，积极互动；课余时间，我和言奇老师还有其他企业家一起探讨学习的内容，一起练习学到的技能，一起谈天说地；三天两夜下来，我和言奇老师在内的企业家同学们打成一片，课程结束时，我们依依不舍。我由“闯”进这个圈子开始“融入”这个圈子，并享受“融入”的过程，这个过程中，言奇老师就像一个铁杆朋友一样前前后后支持着我、鼓励着我。经过这次学习，我当言奇老师不只是我的同学，更是我很好的朋友。

在结识以后，我与言奇老师通过邮件、短信、微信、电话等方式保持着很好的联系。我常向言奇老师请教创业、学习、感情等事情，几乎无话不谈，言奇老师每次接电话都很耐心，我们好多次一打电话就是近一个小时；晶口才的创业过程中，言奇老师提供了及时的智力和财力、物力支持；言奇老师在阅历上远丰富于我，见解上总是独到精辟，言奇老师的新书《接纳——史上最伟大的幸福书》已经出版。每当言奇老师有新的学习收获和感悟也习惯第一时间与我分享。言奇老师还专门建立了一个微信群“言奇互动论坛”，定期和晶口才的伙伴一起互动探讨，一起头脑风暴。这时候言奇老师不只是我的朋友，也是我名副其实的创业和成长导师。

基于创业和成长的需要，我外出学习的频率逐渐增多。和言奇老师有多次一起学习的经历。期间，我们吃在一起，学在一起，住在一起，我们在酒店房间练习演讲，探讨未来，好几次畅聊到半夜。我和言奇老师的关系更加密切。言奇老师非常地细心，也时刻关心着我的生活，经常会关切地问候我的生活状况。至今言奇老师给我买过多套西装，多件衬衣，还有皮鞋、T恤、袖钉等。2012年8月，言奇老师又亲自从江苏飞到湖南，又辗转了六七个小时来我家，到我家时已是夜晚，言奇老师亲切问候了我的家人，我无法用语言形容我的感谢和感动。

记得有一次快过年了，我们当时在一个叫天涯海角的酒店休息，言奇老师戏称“我们是同吃、同学、同住，还一同流落天涯海角的亲人”。是的，这是多么难得，言奇老师又是多么的付出。亲情在精神上的连接意义远重于简单的血液细胞连接，言奇老师血缘上不是我的亲人，精神上俨然就是我的亲人。

由范总到同学，由同学到朋友，由朋友到老师，由老师到亲人，是关系的升华。

由不认识到认识，由认识到认可，由认可到崇敬，由崇敬到永恒，是灵魂的贴近。

大起大落的情绪和心态似乎离我渐渐远去，但内心里迂回着的感动和感谢却时常涌现，对言奇老师想说的话太多，有一首歌叫《生命的感恩》，它的歌词恰能表达我对言奇老师的敬意和感激：

曾经无助的眼神 / 渴望那一份真诚；

常常孤独的灵魂 / 期待那美丽人生；

今天相聚的我们 / 因为爱让生命重生；

默默支持我的人 / 让我感动那么深；

你是我生命的恩人 / 给予我无限可能；

你是我生命的贵人 / 我要永远对你感恩；

你为我的生命点灯 / 给予我无限可能；

你点燃我生命的旅程 / 我要一生一世为你感恩。

## 校外，也可打造正能量的朋友圈
## ——与企业家二三事

走出校园，自然就会遇到许多社会人，擦亮自己的眼睛，寻找益友，益友不分身份、年龄等，但却有个共同点：传递正能量。打造具有正能量的朋友圈非常重要，我们的圈子直接影响我们的格局和气质。在此分享我们一个朋友圈，一个企业家朋友圈，每一位企业家都是一本活着的智慧书，正向的能量场。

## 1．团队面临被挖墙脚＆我的幸福

2011年12月，我和晶口才团队伙伴唐承前、曹勇辉等一起在上海参加“总裁商道·魅力演说领导力”研习会。这次学习之旅有很多故事，金学建老师、言奇老师夫妇亲自开车接我们，和我们一起吃上海大餐，一起游外滩，还在外滩一起跳广场舞。伙伴大部分是第一次到上海，有如此待遇，自是未曾想象。

学习现场非常火爆，逾百位企业家齐聚一堂，共同学习。研习会现场，企业家对我们晶口才团队伙伴的表现赞不绝口。期间有件事情让我挺触动的，会间休息，大家在相互聊天。我突然听到一位董事长对我们一位同伴说：“毕业后，你来我这边工作好了，云南分公司的总经理就是你了呀。”听到这句话，当时心情无法言喻——伙伴的优秀得到了用人单位的肯定——我心里比当时的这位伙伴肯定还要骄傲，还要幸福！我坚信晶口才团队的伙伴会因为晶口才更好地实现社会和个人价值！

## 2．1000元话费的故事

还有一次在上海学习，与企业家吴家杰先生的一个故事。吴家杰先生是第二届职业经理人大会“中国十大策划人奖”得主，是著名的酒业资深人士和策划专家。在业内有着“商标大王”的称号。

吴总那天向我打招呼请我过去一下，说非常感谢我每天坚持短信分享，很喜欢看我的短信，很有积极意义，希望我再接再厉。话说着，吴总掏出了钱包。我一看纳闷了，掏钱干吗呀？便赶忙说："吴总，你这是啥意思？"

吴总告诉我："也不知道怎么感谢你每天的付出，这1000元是给你交话费的，以表谢意。"我当时就有点懵了，赶紧推托。

回到座位，我心情涌起激动和幸福：激动的是我看到一名身价过亿的企业家对一件很小的事情是如此的感恩，回想起吴总时不时地回复我短信，感谢我的分享——吴总的感恩更是激发我永远都要以感恩之心面对生活；幸福的是，生命中我有这样的企业家朋友。送军的成长得益于许多企业家的言传身教，在此深深地鞠躬感谢。

## 3．无偿的付出 & 无限的价值

我自身通过和企业家的交流，获得了非常棒的成长，但像我们这样的幸运大学生毕竟是少数。为了搭建大学生和企业家沟通的桥梁，我向企业家这个圈子发出了演讲邀请。邀请他们到晶口才"演讲与口才经验交流会"中来，与大学生分享如何更好地为人处世，如何更好地为创、就业做准备等。

企业家来大学生中演讲的活动马上得到了企业家朋友的大力支持，得到了许多学生的追捧。

其中领航国际商学院金学建老师、彬华家居董事长唐文斌夫妇、海博服饰董事长总经理范金良先生、江苏男绅服饰董事长陈公能先生、香港伟达贸易服饰有限公司董事长何家辉先生、台湾钧晟集团董事长姜惠茹女士、中国人民银行周晓茅老师、捷运货运信息服务有限公司总经理白尚红先生、中国视力保健领先品牌"益视堂"董事长王晓云先生、湖南阿利维红酒商贸有限公司刘金海先生、湖南斯沃特智能科技有限公司董事长周昊天先生等纷纷来到大学生中演讲，他们或分享自己的奋斗历程，或分享职业规划，或分享如何为人处世，许多企业家还现场把名片发给大家，与听众保持联系……百家争鸣，智者云集。每次举办这样的活动，现场都是爆满，学生们踊跃参与，寻找最适合自己的方法，许多参与者表示受益匪浅。

一次唐文斌先生演讲完，对我说：“送军呀，你们办晶口才是非常有意义的，只要你邀请，我都会尽量安排出时间过来与大学生交流。”这些企业家在许多商业场合演讲都是有出场费的，而且数额还不少。但这些企业家们抱着对大学生成长的关注，对年轻人梦想的支持，对社会的感恩回馈，一次次在晶口才举办承办的活动上无偿的付出，耐心地解答着学生们提出的一个个问题，推动着学生们的成长成熟，这份爱的传递是无价的。

## 行万里路胜过读万卷书，学习是一种生活方式

话说“读万卷书不如行万里路”，经历影响一个人的魅力和说服力。

大学假期是“行万里路”体验人生、丰富阅历的好时机，每一个假期我都有所策划，或陪家人，或学习、旅游。

### 1. 端盘送菜的启示

2010 年 2 月，大一的寒假，我选择在离学校 10 千米左右的湘潭市市中心一家餐厅打寒假工，工作是端盘子，大年三十回老家和家人团聚，年初二继续回到餐厅。当时工作的两件事对我有很大启发：

第一件事是老板给我发不一样的红包。当时的工作，是按工作日计算工资，30 元一天，包吃住，也就是每天做多做少一样的工资，所以当时招的寒假工基本上都喜欢偷懒，能少做点就少做点。我则是能多做点就多做点，这样让我心中更踏实。在大年三十回家前餐厅老板给每个寒假工发了一个红包，他们打开都是 100 元，我打开发现是 200 元，事后老板告诉了我原委，并说：“你的付出总有人看见。”这让我想起了一个颇具启发性的故事。

公元前440年，古希腊雕刻家菲迪亚斯被委任雕刻一座雕像（今天，这座雕像仍然伫立在雅典的帕特农神殿屋顶上）。当菲迪亚斯完成雕像时，大家发现雕塑的背面雕刻得和正面一样美丽！因为摆放的位置没人能看到雕像背面！有人问起，为何要如此？菲迪亚斯说："因为上帝看得见。"

这段经历和这个故事让我更加明白当面要做好自己，背面同样要做好自己。用心付出时心中获得的那种踏实感，其本身就是一种收获，所以又何惧付出没有回报呢。

第二件事是在餐厅端盘送菜时，隔三差五会碰到些顾客拼命催服务员，或者向服务员抱怨菜怎么还不上。其实上菜快慢基本上是要看厨房的。记得有一次一位女顾客拼命催我快点上菜，在客气的安抚后，顾客并不领情，反而投来白眼。我想做人的修养恰恰跟他如何对待身边常人有很大关系，也暗暗告诫自己：不管自己成为了谁，也不管对方是谁，都要保持人与人之间最起码的尊重。智可以让人登上人生顶峰，而品质才会决定是否被尊重，是否能长久。

这就是大一寒假的主要经历和感悟。

## 2. 第四届品牌中国节所见所闻

大学四年是在各方面升值自己的好机会，如果四年的寒暑假都用在寒暑假工上就未免浪费时间，机会成本太大。学习和旅游是扩充自己视野和格局的好机会。大一的暑假，2010年8月7—9日，我成功申请参加了在北京人民大会堂举办的"第四届品牌中国节"；参加了在北京交通大学举办的"全国校园代理年会暨新青年创业高峰论坛"，论坛主题"从高校创业者到企业家”。

两个活动中出席者不乏各界名流，我现场聆听了成功的企业家分享他们创业的心路历程和人生经验，其中在品牌中国节聆听了品牌中国产业联盟主席艾丰、新东方英语俞敏洪老师、浙江吉利控股集团董事长李书福、新希望集团董事长刘永好等的精彩主题演讲。在“全国首届青年创业高峰论坛”上，聆听了奇虎360科技有限公司董事长周鸿祎、3G门户总裁张向东、暴风影音CEO冯鑫等的演讲，现场与全国各地的企业家创业者近距离地接触，相互交流学习，发现格局、前瞻性意识、资讯、全局性思维、胆魄、韧劲等对一个创业者的重要性——这次的学习对我的格局、思维产生了很大的冲击，也为我后来走上创业之路做了铺垫。

## 3．持续学习，到处是学校，到处有老师

大二的寒假，我参加了一家英语培训机构在长沙举办的英语集训营，以改善自己的英语口语发音，提升自己的口语表达能力。在参加完长沙的英语集训营后又和部分同学一起到了桂林阳朔旅游学习，桂林以其甲天下的山水赢得了许多中外游客。在桂林，我感受着这里的山山水水，摇一叶竹排，感受着晨光在漓水碧波洒上一江碎银，感受着江底水藻的摇曳多情，穿越嶙峋的石山，再遇上些云雾，恍若仙境，在这里呼吸天然的氧吧，咀嚼大自然呈上的美餐，给心灵带去新鲜的营养。在这里，听着关于刘三姐的传唱，了解当地的民俗风情；在这里，我又和这里的外国友人交流，了解外面的世界，感受中西方文化的差异；在这里，我写下了新年的计划；在这里，我还交到了两位新的好朋友，至今保持着很好的联系，一位来自英国，一位来自澳大利亚。

大二的暑假大部分时间我继续选择了学习，主要学习企业运营方面的知识。我参加了上海翎航企业管理咨询有限公司举办的关于公司战略、模式和执行的学习，并在该公司实习了一个月，这是我进入大学第一次正式地在公司实习。实习中我更深入地学习了公司的文化、公司的管理、产品的销售等方面的知识。

大三的寒假我也选择了继续在这家公司学习和实习，实习中学会为客户、为公司创造价值。这次的寒假我还去了一趟沈阳拜访客户，并成功与客户达成相应合作。这些经历和知识对我的创业产生了很大的帮助，令我对企业和企业家有了新的认识。一个有魄力、有良心的企业家能领导好企业向国民输出安全上佳的产品；一家好的企业为社会提供好的就业、创业岗位，帮助国家缓解就业压力；人才战略是企业的第一战略，一家好的企业就是一所好的学校，培养出优秀的、成为推动国家经济的栋梁之才；我更坚定了通过教育、企业和慈善活动推动自己社会价值和个人价值实现的信心。

大三的暑假和大四的寒假我把主要精力放在了写本书上。大四的寒假春节期间，我邀请好朋友——“湖南省优秀外教”的 Mindia 老师到我家做客，这是家人第一次和老外一起过大年，颇有感觉。

大四的暑假，在领证前，我开启了我的毕业季旅行，旅游了乌鲁木齐的天山天池和南山牧场等地。同时应 Mindia 和其家人邀请，我去了他的国家格鲁吉亚，在第比利斯和巴图米共畅游了 16 天，领略异域风情，感受辽阔的黑海，感受这里美丽的植物园，学习这里的语言，了解这里不一样的文化。

每一个假期都可以是一个跳板，每一个假期都可以是一次不同形式的充电，行万里路胜过读万卷书，学习是一种生活方式。

# 第四章　“内秀”不如内外兼修

或一对一的请教、讨论、聊天、销售、恋爱、谈判、说服……或多一对多的竞选、面试、比赛、汇报工作、领导团队……沟通无处不在，伴随一生。既然如此，改善沟通的品质，不就是改善大学的品质，改善一生的品质吗？一个人口上流淌才华远比唇上涂满口红来得更有魅力，如果说眼睛是心灵的窗户，那嘴巴就是心灵的代言！莫学茶壶煮饺子，有货倒不出。要让伟大的心灵不再沉默，该动口时就动口。

## 好口才是人才的评定标准之一

一个人口上流淌才华远比唇上涂满口红来得更有魅力。

如果说眼睛是心灵的窗户，那嘴巴就是心灵的代言。

好口才是人才的评定标准之一。

关于沟通表达，众说纷纭。股神巴菲特说："一个人口才好或者不好都会影响他一辈子。"卡耐基说："一个成功的人，15% 来自于专业知识，85% 来自于人际沟通。"林肯说："一个有思想的人如果不会表达等于一个没思想的人。"古有诸葛亮的舌战群儒，一言之辩胜于九鼎之宝，三寸之舌雄于百万之师。中国民谚道：不会表达就如"茶壶煮饺子，有货倒不出"。

当然，这里的口才不是指口若悬河，滔滔不绝，不是指哗众取宠，而是说口才重要，不是说一个人的思想涵养就不重要，相反，如果一个人的思想贫瘠，那他的口才也就成了无源之水。我给口才下的定义是：基于良好道德思想，对所表达意图进行恰当有效地表述。懂得说什么，怎样说效果会更好。就像给一处风景拍照，风景本身很重要，但拍摄角度的不同、焦距的变化、曝光度的多少、冲洗的效果都会影响照片的质量和美感。说话也同样如此，即使是同样一种意思，语句的排序、语调的高低、语速的快慢等说话的方式都会影响沟通的品质。

家人沟通不好会引起家庭不和睦，室友沟通不好会影响寝室氛围，恋人沟通不畅会影响感情，同事沟通不好会影响事业，团队沟通不畅会影响团结，个人不善表达会影响个人形象。沟通品质的不好轻则引起误会和不欢，重则导致关系的恶化和破裂。卡耐基先生有一句名言："成功 =85% 的人际关系 +15% 的专业技能。"而沟通口才又是影响人际关系的重要因素，可见沟通口才还影响一个人的成就。

相信好的沟通口才会传递你更好的个人形象，使你拥有更佳的个人品牌，帮你铺就通向他人心灵的桥梁；好的沟通口才辅助你解决问题，帮你推动事件的进程，让你有更融洽的人际关系，让你有更好的生活品质，更棒的事业成就，推动你全方位的成就！给嘴唇涂点口才，何乐而不为？

学会魅力表达，首先要做好以下三点：

### 1．真诚向上

正常情况下，相信没有人会讨厌一个真诚的人，同时大家都喜欢健康向上的聊天。所以，在人际沟通中保持真诚，沟通内容总体健康向上是最基础的。

一位求职者到一家公司面试。刚一进屋，公司经理就问他：“我们公司非常喜欢清洁，你进来之前，把脚在门口的垫子上擦了吗？”求职者回答说：“是的，先生。”经理又说：“与清洁相比，我们公司更喜欢真诚。公司门口没有垫子。”

如果把人比做一棵树，那诚实一定是其中很重要的一个根，当遇上风雨，就看我们的根扎的深不深。

真诚的人很多，要想有良好的沟通水平，光有真诚是不够的。

### 2．倾听

以前在演讲中我常和听众互动一个问题：在日常交流中，一般你是说得多还是听得多？回答说得多的听众为数不少。部分观众可能还在以自己说得多就是口才好而为荣。事实上喋喋不休地说话大多没有什么水平，也产生不了好的效果。与长者说话，说得太多就少了时间倾听长者的智慧；与处于困境的人说话，说得太多就少了时间倾听他的困惑；与谈判对象说话，说得太多就容易暴露己方太多的信息而少了时间知晓对方的信息；主持会议自己说得太多就压缩了别人发言的时间，自己也少了时间听取群众的智慧；与陌生人说得太多就可能会被骗；在不该交头接耳的地方说话太多，就是对自己原则的破坏；和自然山水对话，说得太多就少了时间感受大自然的情怀与智慧。有一句话说得好，“胶多不黏，话多不甜”，所以学会说话的功夫前，先学会闭嘴的功夫。

倾听体现着对对方的尊重，倾听也让自己捕捉更多的智慧。生活中有这么一些人，他们喜欢打断对方的谈话，谈话中喜欢对方说个什么还没说完就说“我知道”，我称这些人为“我知道们”，“我知道们”可能真的知道很多，也可能是一知半解，也可能是不懂装懂；万一对方道出意料之外的观点呢，自己岂不少了一个学习探讨的机会。有时一句说者无意的“我知道”，甚至可能让对方产生这样的意：既然你都知道，那我还说什么。“我知道们”可能不知道一点：自己的“知道”正让自己变得越来越“不知道”。事实上，对于广袤的世界，我们知道的太少太少，望这些喜欢动辄“我知道们”尤当学会倾听。

学会倾听，当别人给自己提出批评意见时，千万别急着反驳，否则就是不成熟的表现。旁观者清，当局者迷，有人愿意坦率真诚地给我提出批评意见，这是我的福分，我要惜福。要知道如果我们表现得不耐烦，不善于倾听别人提出的宝贵建议，这样的福分就会越来越少，这将是多大的损伤呀。

学会倾听，还要学会在倾听中适时地简单回应，如“嗯”“哦”“这样啊”“哇”“接下来呢”等。学会在倾听中捕捉关键的信息，学会在倾听中揣测对方的意图，学会听到对方没说出的内容，学会在倾听中组织自己恰当有效地表述。说话有时就像打拳，收拳才能更好地出拳，蹲下才能更好地跃起，接招才能更好地出招。世界上每一个声音都在寻找它的听众，学会倾听，你会成为一个受欢迎的人！

### 3．说恰当有用的话

恰当有用就是要根据听众对象说话。

有的人说话是想说什么就说什么，陈谷子烂芝麻一堆，想到哪说到哪；有些人说话就为了展现自己、卖弄自己；有的人说话滔滔不绝，就像有些领导讲话：今天讲三句话。然后第一句讲了半个小时，第二句讲了一个小时还没讲完，第三句还没讲，观众已经崩溃。说话要根据对方的需求，结合自己的经历和学识，长话短说，废话少说。下次想要滔滔不绝前，先想想自己接下来讲话是否恰当有用。

恰当有用要根据事情处理需要说话，不多说，不乱说。

请看下面掮客与买主的故事：

掮客：“上一位买主放弃了这所房子，其实它唯一的缺点就是阁楼没有经过防潮处理，不过房主乐意花钱整修一下。”

买主：“那么它现在空着吗？”

掮客：“当然，房主去爱尔兰工作了。”

买主：“房子我已经看过了，但我觉得，似乎不值这个价。”

掮客：“这你放心，我想屋主会考虑给予一定优惠的。”

掮客说话画蛇添足，原本是无意的多嘴，谈价中却让买主有心地听到了：房子上一次交易的失败；屋主在远方，或许急于售房；修理费用可以让屋主出；价格是可以再次压低的。

人际沟通中，许多时候侃侃而谈并不代表口才很好。有一个成语叫“言者不知”，即多言多语的人缺乏智慧。收住话比把话说出去更难。情商高的表现之一就是知道什么时候该说什么，什么时候不该说什么。真正会心会意高品质的沟通更多时候点到即止恰恰有不一样的韵味。故事里的掮客除了气死屋主外，给我们留下的教训就是以之为鉴，话不在多，恰当就灵。

## 人人都会说话，但说得好的人不多——九大着力点，优化表达方式

在做好上文提到的三个提升口才基本点的前提下，学会魅力表达，可以从以下九大着力点努力，优化我们的表达方式。

### 1．发问

好的沟通者总是适时提出好的问题，让沟通进入良好的轨道，营造好的交流氛围。发问是请教的重要方式，发问有时还可以为自己赢得思考的时间，如“在回答您这个问题前，我想请教您”。发问的水平显现着一个人的智慧，发问时要注意：宜精准不宜太空泛；所提问题在对方能回答甚至是有优势回答的领域内，譬如和企业家交流，我常会请教“×总，您做企业做得这么成功，能和我讲讲您创业的故事吗”“关于用人单位对人才的要求”，或者是请教年轻人如何更好地为人处世的道理。围绕交流的主旨或彼此感兴趣的话题提问，比如，和一足球迷聊世界杯，他可能眼珠都会发亮三倍，不过聊中国足球可能就另当别论了。

发问要有礼貌。关于这一点，本大可不提，因为礼貌是幼教园读本里的东西。但为了彰显作为21世纪大学生对弘扬礼仪之邦优良传统的重要性——我还是要在这点上稍费笔墨。关于“发问要有礼貌”这点，我想起有一天晚上：一位晶口才教育的学友给我打来一通电话，语气兴奋地连声道谢晶口才。原来她刚听完场讲座，在讲座最后，有一个观众在提问环节，她告诉我前几个提问者开口就是问题，甚至有学生连句“您好”“请问”都没有——这就是部分21世纪大学生的表现（下次听讲座到互动环节时可以留意，但愿不见这样的表现），轮到她提问时，她先表示了对主讲人演讲的感谢，然后言简意赅地提出了自己的问题，最后微微点头致谢。她的表现简单却赢得了主讲人会心的微笑，她同伴的惊讶还有主动和她认识的听众，显然有礼貌的提问这一点影响了她，帮助了她。

### 2．赞美

谁都不喜欢马屁精，但真诚的赞美总让人身心愉悦。赞美是心胸宽广，乐于鼓励他人的表现。赞美要有发现美的心灵，发善心用眼神用心去赞美；见俗的不一定是俗者，但俗者往往就见俗。

赞美也要注意方式场合：（1）赞美别人比自己更好的地方，如果自己175高，赞美168高的人家说，你挺高的，人家肯定不开心。（2）赞一个人的改变。（3）多人场合别只顾着赞美某一个人。如果要赞美所有人，就记得别漏掉了谁。（4）赞美要有细节，要具体，不然就成了流于形式，溜须拍马。

赞美和但是不是关联词，但现实中，但是总是跟着赞美存在，我认为这是个不好的表达习惯。这样有时甚至让听者迷糊，你到底是要表扬我还是批评我呢？我的表现到底是好还是不好。这样“但是”前与后的内容会大打折扣。不要轻易拿赞美当批评的糖衣，因为有时候，它会让人不知道吃下去的到底是什么。

### 3. 废话

废话？关于这点，你也许会觉得奇怪。在演讲中插入几句或一小段题外话，我把这种题外话命名为废话，废话恰当地使用可以“变废为宝”，机智地插几句题外话，一来可以增加讲话的趣味性，二来可以为听众放松下心情，三来机智灵活地来几句并及时拉回来，可以增强演讲的张力。但废话要少说，“废”以稀为贵。此外，还要选准时机说。

### 4. 认同

表示认同是建立沟通同频的重要方式之一。不轻易直接或当众反驳对方的讲话，认同还是表达反对的润滑剂。要表达自己的异议时，也要保持礼貌，保持对对方的起码尊重，因为每个人的观点都会多少受到其阅历立场的影响，包括随着角度不同，会产生不一样的处世方法。A 信佛教，B 信基督，A 可以说自己的是对的，但不能因此说 B 就是错误的。因为背后的逻辑不一样。仁者见仁，智者见智。

### 5. 重复

恰到好处重复对方先前讲过的话或者刚刚讲的内容。常用到“就像您开始说的”、“记得您曾说过”、“您的意思是说，对吧”。礼貌地重复对方的话语，在不同的场景会产生不一样的效果。可能会产生如下一种或几种效果：侧面表示自己在认真倾听；让对方感觉到被尊重；营造商量的氛围；起强调的作用；在重复的过程中加入自己的理解；进一步精确对方的意图（尤其是上下级沟通中，口头通知的上传下达中，有时多用几秒弄清楚，不要不懂装懂，自以为是）；加重语气重复表示自己的惊讶、惊喜情绪或者是疑惑、不同意等；在重复对方话语后，加上自己要表达的意图，调整彼此说话的频率，达成同频；借重复对方话语的时间思考组织自己接下来的语言，如有几次在演讲中遇到自己无法一下组织好语言，当然如果自己实在无法回答就诚实地回答不知道，并恳请对方是否可以给出部分提示。

### 6．制造开心

开心就是心打开了，心打开了，我们讲的话才能人相互的心。所以，聊天中保持开心的氛围很重要（特殊场合例外），沟通中可以释放自己机智的幽默让氛围更融洽。个人认为，幽默不是一种技巧，而是一种性格，没有大度乐观的胸怀，何来自然流淌的幽默。沟通中的开心还可以借助一定的环境营造，在舒缓的音乐中，在美好的环境暗示下，人自然容易心情愉悦。

### 7．定

说话含混不清的人会给人立场不坚定的印象，很难传递正能量。就像如果领导在台上含糊其辞，就容易让人觉得领导作风有问题，或者是所说的话有问题。有些人成天把或许、可能、大概、好像挂在嘴边，这些词语可以用以助严谨，但如果说话一直如此就不好。还有人说话喜欢用“嗯”“呃”等字，这样的人说话缺乏气质。

“我希望你期末考试考好。”与“我相信你一定可以考好。”哪一句话更给人力量呢?

### 8．不要有口头禅

总是飙口头禅的人，说话的气质很难提上去。留心观察，我发现有些人常用的，又不太适宜的口头禅有以下（读者诸君可以自测）:

“然后”：有些人说话用关联词很专一，把“然后”进行到底。类似的还有“我知道”“懂不”“吧”等。

### 9. 同频

这一点其实是对前面内容的补充，沟通最重要的是能保持同频，如果双方不在同一个频道上沟通，就是一种低效的沟通，再多的技巧也会事倍功半；而沟通的双方保持在同一个频率上，适当用出几个沟通的方式就会事半功倍。

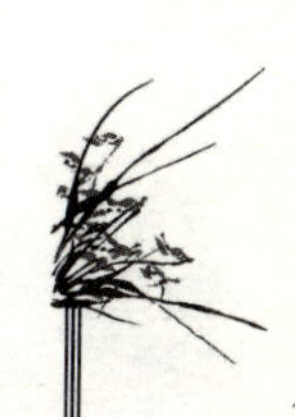

提升口才的方法有很多，这里三大基本前提加九大着力点，是改善口才的 12 个简单易学、行之有效的方法，建议读者可以用钟表状绘制成图，检索和提升自己的表达方式，也望借此寓意魅力口才给读者诸君带来美好时光。

同样的景色，不一样的角度拍摄会产生不一样的构图效果；同样的一个意思，不一样的表达方式会产生不一样的沟通效果。这些关于口才的方法可以组合用，也可以单个用，前提是使用时发心是自然的真实美好的。要切记，一个人高尚的道德思想是道，是核心，以道载术才是本末正置，道和术都重要，言和行的统一也重要。

总之，好的歌唱总是能带来美的享受，说得比唱得好听自然是件好事，做得比说得还好，那就真正是极好的！

## 公众演说，给力关键时刻

我认为，凡一定用得着的技能，不能不学。公众演说说白了就是在 3 个或 3 个以上的人面前说话，这相信大部分人都用得着。而且技多不压身，既然如此，那精益求精，何乐不为？

如果要升级自己的系统，公众演说这款软件一定要升级，因为它的使用频率高，它可以在许多关键的地方给到你关键的支持。美国前总统尼克松曾说：“如果让我重回大学，我将修好两门课：演讲和说服。”

当代大学生要学，因为几乎大家都会经历面试、竞选等，别到演讲用时方恨平时没学习。大学教师更是要学，因为一位教师对他/她学生的成长成才产生着重要影响，而且我发现一个现象，凡公众演说好的老师一定是学生喜欢的老师；凡学生喜欢的老师往往都善于公众演说。他们不叫讲课，叫讲演。且大胆预言：大学生年龄段大多在90后，而且00后的时代也即将到来，不会演讲，只会念PPT或者念书面教材的老师一定会被请出三尺讲台。

几乎所有优秀的人才都能站在讲台上魅力演说：马云、韩寒、奥巴马、干部、CEO……几乎所有重大的活动都需要魅力演说：非诚勿扰、职来职往、超级演说家……几乎所有人生的转折点都需要魅力演说：竞选、面试、带领团队……学会用演说宣传你的思想和才华，触动人心，影响听众向善、向尚和向上。

太多的关键时刻需要演说，公众演说部分用途如下：

（1）帮助竞选拉票，竞选职务：班长、学生会或社团干部、主管经理、升迁岗位等。

（2）演讲比赛。传递思想；获得荣誉。

（3）求职面试。许多大学生不知道公众演讲的重要性，直到他们面对一排面试官的那一刻。

（4）产品、项目演示。

（5）参加电视节目。如非诚勿扰、非你莫属。

（6）庆典、年会、新闻发布会、宣传动员大会演讲。

（7）需要经常演讲的职业：老师、律师、老板等。

（8）团队打造、凝聚人心、化解矛盾、主持活动、汇报工作等。

公众演说的本意毫无疑问是要给听众带去启迪和智慧，公众演说无形中又会给自己带来意外惊喜，从而推动自己实现更大的价值。大学期间，我拿话筒讲话的时间比不拿话筒讲话的时间还多，我想这对我个人的成长颇有助益。我在湘潭大学、湖南师范大学、湖南人文科技学院、雅礼中学、宁乡五中、东方红小学、湘潭晚报、部分民营企业等单位演讲近 200 场，传递积极正向的思想，影响逾 10 万人，传递爱，放大价值，启迪更多人更积极更努力地面对学习和生活。有输入才有输出，在这个过程中我自身也得到了不断成长精进。

公众演说带给自己的收获会很多：

（1）自己变得越来越自信，而自信又增强了自己的气质。

（2）对于学习公众演讲可以提升自信心这一点，医学上早给出了证明。自信的形象 VS 自卑的形象，相信我们更喜欢前者。

（3）朋友圈的扩大。

（4）影响力的倍增。

（5）吸引到优秀的人才、人生的贵人。

（6）创造很多不可思议的人生故事。

（7）宣传团队的品牌。

（8）为梦想找到支持的力量。

（9）一对多公众演说节约下来大量时间。

……

几乎所有优秀大学生都意识到，魅力表达增添气质，自己就是气质型男、气质女性；魅力表达还会提升竞争力。几乎所有的大人物都会演说，说出一串名字：马云、比尔·盖茨、李开复、韩寒、柳传志、牛根生、乐嘉、白岩松、易中天、毛主席、孙中山、林肯、奥巴马……他们都有个共同点：

超级会公众演说。

这个现象是不是也在暗示我们要实现更大的个人和社会价值呢?

有一次在演讲中，我动情地呼吁现场大学生花时间学好公众演说：如果你立志在面试中凭借出众的表达、非凡的气质脱颖而出，请学好公众演说；如果你立志在学习工作中能独当一面，未来成为商界、政界或文艺界等的领军级人物，请学好公众演说；如果你立志成为富人的祖先，为祖国的繁荣富强贡献力量，整个家族甚至民族为你的魄力而骄傲，请学好公众演说!

最近安徽卫视的中国首档原创新锐语言竞技真人秀节目《超级演说家》，由陈鲁豫、李咏、林志颖、乐嘉组成强大评委阵容！节目打出“说的比唱的好”的口号，强调说话是一种本能，更是一种技能！掌握这项技能，能让人建立自信，事半功倍！节目非常火爆，相信这也是大众对公众演说重要的认同体现。这个节目能掀起多久的演说热潮不说，但公众演说是持续服务我们的重要工具，是不得不学的一门武功。

大学期间，晶口才团队举办过很多次演讲学习活动，通过让活动参与者积极上讲台突破，有的学生实现了人生中的第一次登上正式的舞台发表演说；有的学生当场把郁结心底的话释放出来；有的学生落下幸福的眼泪；有的学生在舞台上第一次发现自己演说的天赋；有的学生在舞台上发现了“过去自己的渺小之处”；许多的学生由开始不敢讲到后来抢着麦克风想讲；由敢讲又变得更会讲。我相信通过多次参加这样的公众演讲突破活动，也有利于学生性格变得更阳光开朗，公众谈吐气质更佳，有利于今后的面试、竞选乃至整个人生的发展。

## 即便是最伟大的演讲家也会紧张

驾驭紧张，稳健台风。

我这里写的是“驾驭”紧张，而非“消除”紧张。经常被问到如何消除公众演说的紧张，我认为紧张无法被永远的消除掉。紧张有时也像匹野马，但只要驯服它，它就是自己的坐骑。紧张也像个调皮的朋友，总是不约而至。

紧张是很正常的一件事，要想驾驭紧张，首先要对紧张有所了解。诱发紧张的源头：胆子小的人容易紧张；内向的人容易紧张；不熟悉演讲内容（即没底）的人容易紧张；虚荣心强的人容易紧张（害怕表现不好，给自己带来不好影响）；焦点放在自己身上的人容易紧张；缺乏讲台经验的人容易紧张；动机不纯的人容易紧张；害怕紧张的人容易紧张。

驾驭紧张的平时练习建议：

（1）多和胆子大的人、开朗的人交流、共事，“和什么人在一起，就容易变成什么样的人”。就像怕水的人学游泳，和不怕水、敢游泳的人在泳池就敢慢慢放开自己，在不怕水会游泳的人带动下、帮助下慢慢就学会了和水相处。容易紧张的人和胆子大的人在一起慢慢学会和紧张相处。

（2）调整心态，焦点转移。心态平常心，焦点放听众身上。不要害怕自己表现得不好，多去思考听众可以从我的演讲中收获什么；平常心态，自己只要端正发心，为听众而演讲就够了。

（3）平时有公众讲话的机会就多抓住，累积足够的演讲场次是一位演讲者的基本功。这个道理和我们经常听的“把平时当比赛，比赛当平时”异曲同工。平时的练习会让自己更加适应在讲台的感觉。就像平时多摸摸篮球，多练习篮球就有了手感；平时多站站讲台，多在公众面前去讲话，就有了讲台的“台感”。

（4）紧张很正常，不要害怕紧张。紧张是涨一次的潮水，然后就会慢慢消退。如果我们害怕紧张，这种害怕还会推动潮水涨得更猛。每一种情绪都是有生命的。紧张面前，你强它就弱，你弱它就强。

（5）给自己导入积极的演讲信念，告诉自己，我热爱演讲，我就是一名出色的超级演说家。

驾驭紧张的演讲前、中、后建议：

（1）记住关键词，忘记演讲稿。发表不背演讲稿的演讲。带着关键词轻装上阵，临场发挥。临场发挥中往往自己先前准备的演讲稿会在现场复活，复活的演讲稿和现场飞入脑瓜的灵感相得益彰是一种很美妙的享受。

（2）做好充分的演讲稿准备。没有在准备成功，就是在等待失败。演讲前演讲素材的充足准备，演讲时间的正确估计，演讲稿的多次练习，练到几乎能背下来（正式演讲时就不要想着怎么怎么背完全文了，因为这是演讲，不是考背诵能力）。

（3）提前熟悉会场，如果条件允许可以在讲台上多操练，正式演讲时，自己其实已经站在这个台上演讲了多次。

（4）演讲开场白一定要像熟悉自己的名字一样熟悉。万事开头难，一旦把演讲开篇开好了，往往自己的紧张情绪就迅速退潮了。

（5）放松。放松的方法很多：深呼吸放松，慢慢地深呼吸，学会用丹田呼吸；运动下放松，扭动下颈、扭动下腰、抖抖手脚；想象演讲画面放松；条件允许的话，演讲前洗个温水澡，可以让身心得到很好的放松。

（6）演讲前5分钟，想象演讲画面，提前进入演讲状态，积极自我暗示。禁止任何打扰，也不寒暄，临近演讲的寒暄容易扰乱自己的演讲思路，甚至不受欢迎的“余音绕梁”。想象自己的演讲将给听众带来不可思议的收获，自己的演讲就如甘霖般洒向饥渴的听众。

（7）稳。稳步自然大方地上台；上台后站稳了，S形扫视全场，眼神自信坚定，心定了，再稳稳地说出第一句话。

（8）借。演讲中借喝水、拿写字笔等缓解紧张情绪；借讲桌遮挡抖动的腿等；借讲桌制造安全感（待缓过来后，及时离开讲桌，和听众距离会更近）；借调侃自己、自嘲来缓解紧张，缓和氛围；借播放PPT或视频缓解紧张；借喝水、用电脑等，顺便看演讲重点；重复一下刚刚讲过的内容。这个“借”字，也常适用于忘词时。

（9）做听众的听众。互动转移焦点，焦点放听众身上，自己成了听众的听众，就不容易紧张，关于如何互动后文会提到。

（10）放慢语速，稍微降低音调。有些人一紧张就语速加快，音调变高，语速一快音调变高结果就更紧张。这无疑是要刹车时结果踩了油门的做法。

（11）和部分观众握手，然后上场，会让自己觉得听众更亲切熟悉，包括演讲中也可以扫视下那些欣赏自己、支持自己的听众的表情，给自己听众都很欣赏支持我的心理暗示，缓解心中的紧张。演讲后鞠躬示意，并优雅、稳步、大方地走下讲台，这一点务必要做好，善始善终。

（12）道歉恳请原谅。这是下策，迫不得已的情况下才使用，道歉时一定要态度诚恳真诚。有些人一上台就是今天没准备好，今天紧张，今天可能表现不好，这确实是为难听众的期待和审美：我们兴致勃勃地过来听你演讲，你不准备好不是不在乎我们，不是不尊重我们吗？多少不爽。相信有了前面11点，第12点是用不上的。

## 演讲稿——一篇用来说的作文

演讲稿的设计，类似于一般作文，讲究紧扣主题，凤头、猪肚、豹尾，也要适当用到修辞手法、好的写作手法；演讲稿设计又不全同于一般作文，普通作文一般是某一个人在看，而演讲稿是一篇用来说给很多人听的作文，要利于“说”，又要满足“很多人听”。

老子说：“治大国，若烹小鲜。”主讲人设计演讲稿就像大厨炒菜，听众就像品菜的顾客。好的一道菜讲究色、香、味俱全，随着人们对健康的重视，极品的菜应该是色、香、味营养俱全。“品”菜者一般是多少容易挑剔的，但只要菜真的好吃又营养，品菜者自然喜欢吃，既饱了口福，又得了健康。如何炒好“演讲稿”这道菜，让听众喜欢又受益呢？六个有利于以蔽之。

第一个：有利于符合听众“口味”，超过听众预期收获3倍。酸甜咸辣，不同的群体有不同的口味需求。湖南人喜欢吃辣，广东人喜欢吃甜。演讲内容、行文风格一定要符合听众群体，这是演讲稿设计首要考虑的。所以设计演讲稿前，对听众口味，听众希望在演讲中收获什么要有调查，并在演讲稿中超预期的满足听众需求，引起共鸣。听众会发出感慨：说到我心坎里去了。

明白听众心坎在哪里，才可以把话说到对方心坎。以听众为上，自己为下。站在讲台，不是要让听众看你，而是要让自己更好地看听众。心和听众站在一线，为听众立言，想听众之所想，解听众之所惑。

理科类工作面试官的可能心坎是：面试者是否严谨，负责。面试者就别大谈自己如何懂得交际。

销售类工作面试官的可能心坎是：面试者是否勇于表达，善于交际。面试者就别大谈自己如何会电脑。

暗恋女神喜欢的是喜剧片，暗恋者就别跟他大谈自己刚看的动作片（这个好像用不上演讲）。

对小学生发表演讲，就多讲讲故事，讲讲伊索。

竞选班长，就多讲讲能体现你负责任有领导力，能服务好班级的内容。

少说“你”“你们”多说“我们”“大家”。

“让我们学生会和你们一起把学风抓好”与“让我们学生会和大家一起把学风抓好”，哪句话更让人听起来舒服，答案不言而喻。

第二个：有利于听众汲取到积极向上的“思想营养”。菜再好吃，没有营养，迟早吃的人会越来越少。演讲中的营养就是“对听众有用的思想”，所以演讲稿的思想性很重要。有些演讲稿符合了第一点有利于听众口味，但思想性不够，这样的演讲稿就像地沟油炒出的菜，哗一时之宠，流行一时，听众听后回去一琢磨，发现什么也没学到（有些娱乐节目也有此之嫌）。演讲稿内容可以有正反面素材，但最终整体上有思想性，同时要符合法律、正道，传递“正能量”。

第三个：有利于听众信任并喜欢。一道菜的色香会影响顾客是否选择点单。演讲内容的设计风格，演讲稿中情节的巧妙设计，悬念的适当布控，对演讲内容的塑造和包装都会让演讲更有吸引力，就像我们去超市购物，很多商品是不能尝，单凭看相和包装就决定是否购买了。

第四个：有利于听众“消化”。营养只有被消化了才能变成给人能量的结果。听众的“消化”就是有利于听众听完演讲后采取比听演讲前更好的行动，从而达到更好的结果。这个“更好的行动”“更好的结果”一般也是同时符合演讲者的演讲意图的行动，比如竞选演讲，主讲人希望演说完后会有更多的选票；发表爱护环境的演讲，主讲人希望演说完后有更多的人为保护环境出力；高考动员演讲，希望听完演讲后，学生有更好的学习心态和方法；募捐演讲，希望产生更多的捐款，帮助到需要帮助的人和事。

所以在演讲稿设计中，要紧扣这个“希望”，这个意图来组织内容，并思考什么样的先后顺序、什么样的修辞可以触动听众，演讲稿内容是有导向性的，引导听众采取“更好的行动”“做出更好的结果”。

第五个：有利于带给听众美好体验。现在吃饭吃的不只是饭，就餐讲究就餐的方式，菜的摆放，有些菜甚至还是雕刻的，讲究体验和感觉。演讲稿兼顾思想性和趣味性，讲究凤头、猪肚、豹尾，意为开头要出彩，中间要充实，结尾要响亮让人回味。演讲稿开场白有设悬念式开场、故事笑话开场、自嘲式开场等。当然这是灵活多变的，演讲稿开头寒暄几句“有意无意的废话”，渐进式入主题也是可以的。演讲稿内容的顺序一般是并列式、递进式或倒序式，做到简洁、逻辑性清晰。内容上最好还有对主办方、听众的感谢等内容。总之，内容上有血有肉，思想上有灵魂高度的演讲稿是非常好的。

第六个：有利于主讲人理清思路，辅助主讲人记忆演讲内容，推动主讲人演讲时的发挥，这是演讲稿的本质。一般情况下演讲是不带稿的。同样一篇演讲稿不同的人讲，不同的方式讲，效果截然不同。

组织演讲稿前可以问自己几个问题：为什么发表这次演讲？我这次演讲的目的是什么？这次演讲听众想听什么？听众需要听什么？我有哪些经历阅历、知识点可以满足听众的需求，解决听众的问题？我的演讲对听众有哪些好处？这些问题有助于演讲稿的精准设计。

演讲稿写好后，多次演练，熟透思路，一般没有必要一字不漏背下。熟透于心后，把演讲稿浓缩成150字以内。150字以内？没错，就是把最重要的重点提纲关键词按逻辑顺序提炼好。可以把这150字内容发自己手机上备忘。演讲前建议不要带原文全稿。

## 你就是超级演说家

演讲是由语言、语调、肢体动作等一起配合的表演艺术。“演”字在“讲”

的前面，所以它必须有演的成分，而且演很重要。“演”出人生的精彩，“讲”出生活的智慧。掌握适当的方法，你就是超级演说家！

演讲和游泳一样是练出来的，为了让这种“练”有法可循，我总结了提升演讲水平的十大维度：时间、演讲稿、驾驭紧张、气质、语调、肢体语言、互动、讲故事、场地、工具（前文对演讲稿、驾驭紧张已有叙述）。

以下是几种可操作性强的演讲方法。

## 1. 严格把控演讲时间，提升公众演说的性价比

基于公众演说者喜欢长篇大论，空话套话一堆，不合理把握时间现象越来越严重，特意第一点提公众演说的性价比。

时间就是金钱，演讲者演讲1分钟，就等于台上每人消费了1分钟时间，所以演讲者一定要保证演讲内容价值与时间的匹配，详略得当。

表达同样的意图，把话说短比把话说长难。王岐山同志说：“说长话容易，说短话不容易。”丘吉尔说：“如果给我5分钟，我提前一周准备；如果是20分钟，我提前两天；如果是1小时，我随时可以讲。”所以对演讲时间的把握程度是演讲者演讲水平的重要衡量标准。

## 2. 科学的使用场地、道具，让公众演说锦上添花

好的演讲场地满足以下条件：席位数量与听众人数基本相符；话筒音响效果一定要好，声音洪亮，没有回声，没有杂音，全场都能听到；现场灯光明亮，尤其是舞台必须明亮，暗淡的舞台容易让听众走神；演讲现场布置风格、横幅、背景墙等与演讲主题相符。

PPT、照片、视频等准备。这是公众演说的辅助工具，增强演说说服力。

PPT宜简洁大方，照片视频分辨率高。这些资料的准备不宜过多，现场也不宜使用过多，恰到好处就好，不然也容易冲淡公众演说。所以说，道具的作用就是给公众演说锦上添花。

### 3．让气质说话

着装打扮合体产生会被喜欢被接纳的气质。符合演讲群体需求，传递信赖感（具体做好可以参考本书中《被信赖是一种优势》一文）。

眼神有神产生机智灵动的气质。演讲时切忌眼神看天花板（忘词了也不要看天花板，除非天花板上有你的演讲稿），或者是全场只看哪一侧的听众，未被看到的听众岂不感到被忽略，怎么可能继续支持好你的演讲呢。

语言洗练，坚定传递自信坚定的气质。定住了，气质自然生发。有人讲话喜欢说很多“嗯”“呃”“啊”“吧”等，或许他们是通过这个来辅助思考，但这是很影响气质的。思考可以在放慢语速、适当的停顿、与听众的互动中完成。

精神饱满的状态传递给人希望的气质。一个演讲者的状态是他的重要气质之一，也是演讲本身的重要气质之一。这种状态来自于演讲者的身体素质，精力旺盛；演讲者对听众的高度负责；演讲者的进取精神。



当然演讲者的气质跟其平时的经历阅历、人际圈会有很大的关系，关键是在平时的修炼。

### 4．语速和声调是演讲中的黑白键

钢琴上的黑白键，不同的键出来不同的调，不同的按键顺序速度出来不同的节奏。演讲中的语速和声调的和谐配合才能发出天籁之音。

练就好的嗓音。演讲和说相声一样讲究字正腔圆。好的嗓音是演讲者的优势。所以平时要练声，练习清晰度、磁性、底气。方法有学美声、模仿声音、朗诵、腹式呼吸运动等。

心电图线条的高低起伏象征着生命力；演讲过程中声调的高低起伏、语速上的快慢体现着通篇演讲的活力、张力和生命力。这种音调的高低起伏根据演讲的具体内容而选定。声调上的高低，语速上的快慢造就了演讲“大珠小珠落玉盘”的美感。

### 5. 肢体语言，让演讲可以被看见

演讲如果没有肢体语言，就像鸟没有翅膀。肢体语言有助于强化演讲者的演讲内容，辅助演讲者的思维，加强演讲的效果。

肢体语言对听众有着很强的暗示性，你积极的手势，让听众也变得更积极；相反，如果你一直在台上低着头讲话，即使讲一件并不忧伤的事情，听众情绪也容易变得低落。肢体语言让你的演讲不只是可以被听见，更是可以被看见，“被听见的”和“被看见的”，人们往往相信后者。当然如果既能是“被看见的”又能是“被听见的”，就更容易是“被相信的”。所以，很多商界精英、政界领袖都喜欢通过演讲去传达自己的思想理念，因为他们喜欢自己、自己公司的产品或推出的措施是可以“被相信的”。

“头上一盆水，手里一把刀，身后一堵墙，两腿像柱子”，这是在一次参加演讲培训时，一位同学告诉我的肢体语言“心诀”。我觉得非常好，四句话分别提醒的是：演讲时头不能左摇右晃，不能偏着头讲话；手势要干脆大方，不能要出不出，要收不收；身体不能前后摇晃；两腿要站稳，不能抖脚，走姿要稳而大方，不宜过多。下次把自己的演讲拍成视频，可以对照这四点自我检测。

手势上的细节。手臂自然放两侧，随时准备出来动作，也可以放在腰部，整体自然大方就好；手势总体传递向上的能量；如果拿话筒，拿话筒的手不宜夹身体太紧（否则会给人放不开的感觉），手肘与侧身的角度约 30°

为宜。此外微笑、表情、眼神都是非常重要的肢体语言。手势的频率和幅度与感情轻浓有关系，一般来说手势不宜过多和过于夸张；具体的手势根据演讲的内容选择，如说第一点，第二点时可以用手指表示，说“我”“心”可以把手掌放在心脏位置。

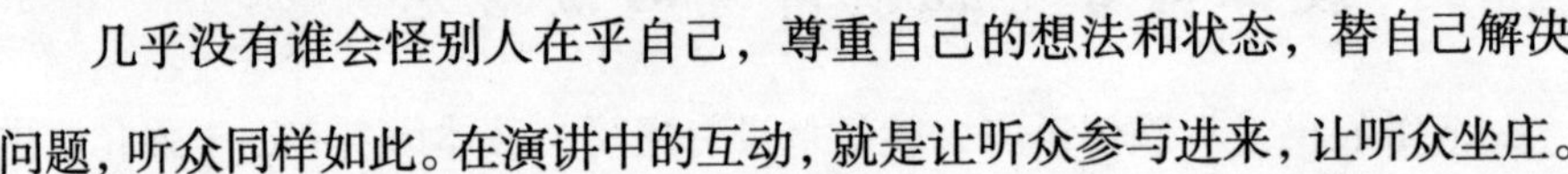

### 6．互动，让听众坐庄

几乎没有谁会怪别人在乎自己，尊重自己的想法和状态，替自己解决问题，听众同样如此。在演讲中的互动，就是让听众参与进来，让听众坐庄。

讲课也是一种公众演说的形式。现在的课堂改革，也是改变过去老师一言堂的格局，让学生做主人。我想：一堂课里，几十个学生在一起表达的时间和机会之和大于老师是很正常的事情，而且一班同学的智慧一般也是高于老师一个人的，所以老师何必一个人霸着讲台不放呢？部分老师一个学期课讲下来，就是念完了几个 PPT（PPT 往往是自己很大方买的，这点要嘉许），这些重点在念 PPT 的老师不叫老师，叫 PPT 播音员（你身边有这样的播音员吗？如果有的话，为你的遭遇沉默 1 分钟）。除一些特殊情况的课堂，大部分课堂都应该由学生来做主人，老师是这堂课的服务员。当然公众演说要视演讲的内容和场合确定听众的参与度和参与方式。

互动方式有：

提问。200 人以上的大场适宜提封闭式的问句，就是答案在问题中，预计答案会统一的问题，形成共鸣的演讲效果。如“请问好还是不好？”答案就是“好”或者“不好”；“大家同意吗？”一般来说答案都是“同意”或“不同意”。场合 100 人以下时，可以以问开放式问题为主。如“大家觉得学习英语最重要的是什么？”答案就众说纷纭了。提问会让听众集中注意力，也可以把脉听众民意。

停顿。演讲中适当的停顿，可以让听众开始思考，或开始鼓掌。停顿制造出来的安静的瞬间，也可以让听众集中注意力。停顿要停顿得恰到好处，时间不宜过长。

建议要求。“建议大家全体起立”“请大家把掌声送给这些辛勤付出的工作人员”“我们一起喊出我们学校的校训”等方式，合理地建议听众做出相应行为。

请听众上台。部分问题或活动把听众请上台参与。

根据现场场合的元素进行互动，给人“有心人”的感觉。

自己走进听众群体中。这种互动往往能产生一种亲切感，走进观众群体中，还可以适当的调侃部分性格外向些的听众，制造快乐放松的演讲氛围。

## 7．会讲故事的人受人喜欢

大部分听众都喜欢讲故事，把故事讲好是演讲者的重要基本功。一个人会公众讲故事了，就算学习演讲入门了。

讲听众喜欢的故事就是最好的故事。听众喜欢或好奇的故事有：主讲人自己的故事（每个人都要创造自己的故事）、没听过的故事、跌宕起伏一波三折的故事、听众偶像的故事、成功的故事、新鲜的时事新闻、让自己有很大收获的故事、有灵魂的故事、不是太故的故事。

故事的来龙去脉线索要清楚：什么时候，什么原因，在哪里，谁，发生什么事情，结果是什么，怎么发生的，故事留给我们怎样的启示。详略得当的把故事演讲出来。讲完故事后一定要讲出故事的启发，讲出我们从故事中能学到什么，这样的讲故事才是有高度的，为讲故事而讲故事，哗众取宠不可取。

讲故事就要让听众产生身临其境的感觉，就像看 3D 大片一样，可以模仿故事中的声音，表演故事中的言行，塑造故事中的情节。讲故事让听众身临其境，并产生符合故事中的更多的感觉：触觉、听觉、视觉、味觉、嗅觉。这种感觉会加深听众听故事的触动和记忆。塑造形容也是讲故事必备的技能，平时可以进行这方面的练习。

“空谈误国，实干兴邦。”成为超级演说家，让演讲充满魅力不是目的，让演讲在魅力的滋润下直入人心，催人奋进，落实行动才是目的。写这篇文章不是目的，读者看完这篇文章，能给自己的公众演说水平提升找到有效的着力点，并勤加练习，在下一次演说中表现得更有魅力、更有效果才是目的。

以利他为导向，把思想理念表演出来，让我们赋予演讲以生命和灵魂。

# 第五章　让梦想朝现实前进

飞机起飞时，机头向上才能高飞；人生路上，是梦想给自己插上向上飞翔的翅膀！现实与梦想的距离就是人生的征途，没有梦想何来征服梦想的勇气、魄力和智慧！没有梦想，人生就还没有开启真正意义上的奋斗征程。

## 和梦想谈恋爱

恋爱的前前后后会有这样一些过程：寻找对象，追求对象，与对象恋爱。关于梦想，也可以有类似的环节：寻找梦想，追求梦想，和梦想绑定一生。

### 1．寻梦

“山”字边放个人是“仙”，“谷”字边放个人是“俗”，把自己放哪里很重要，自己要往哪里走更重要。大学乃至人生一件很重要的事情是认识自我，知道自己要往哪里走，往哪里去站。越早知道，我们的行为越早构成正效累积，否则方向不明，许多努力就会低效、无效甚至是起反作用。打个比方，你毕业后的理想是制造美味的八宝粥，那大学四年里就应该寻找材料、学会做粥的制作方法、保存方法等，总之与它有关系的事情都值得我们去关注。

耶鲁大学曾经对毕业生做过一个关于大学期间有无人生目标对人生影响的长达 25 年的跟踪调查，论证了目标、梦想对一个大学生前途发展的重要。大致结论是：目标清晰的人普遍成为了社会精英，没有目标的大学生后来普遍生活到了生活底层（大家可以到网上去了解这个调查）。

我认为梦想不是光思考就可以实现的，光闭门造车就可以实现的，我们需要迈开脚步去追寻。很多时候扬长避短会更容易找到适合自己的梦想。所以，确认梦想前可以对自己做一个全方位的认知，譬如通过家人、老师同学的评价、自己对自己的反思、自己的兴趣爱好、价值观，以及通过一些测评工具（推荐北森测评），区分清楚自己的长短处，这样可以更好更快地找到自己的梦想。

在寻找梦想的实践中，我发现自己在沟通能力、文字组织能力、领导策划能力、销售能力方面有一定的基础及相关爱好。我计划确定一个更多能用上这些能力的梦想。

“不在梦的天堂，也要站在离梦想最近的地方。”我在学习工作之余会很留心公告栏上的一些海报，积极寻索一些讲座信息，那时我成了一个典型的“听讲座积极分子”。有人笑我傻，说别信这些胡扯，演讲就是来骗钱的。甚至有人直接开炮，说这是洗脑传销。当时我是这样思考的：讲座确实有优劣，但我们也不能就把所有的讲座都否定。我也相信一场演讲改变一生可能性不大，但演讲本身是传递思想的一种形式，听一场演讲其实听对自己有用的就可以了，吸取一些好的观点带来的能量未尝不可。寻找梦想并不一定就能精确自己的梦想，寻找梦想的旅途往往为梦想确定了大的方向，接下来就是把大梦想细分成具体的一个个小目标。

## 2. 梦想是问出来的

有一个问扑克牌的游戏，在六个选择疑问句之内问出对方手里是什么扑克牌，但不能直接问这个牌是什么。比如可以问“这个牌是红色还是黑色的”“这个牌是数字牌还是花牌”“这个牌的数字是基数还是偶数”“这个牌比 8 大还是比 8 小”等。六个问题内必然会问出对方的扑克牌是什么。

这个游戏给了我很大的触动，刚开始我们对对方手里的牌一无所知，就像我们有时对梦想一无所知一样。有时候我们不知道自己心里到底要的是什么，我们或许通过 6 个或 6 个以上的问题，就会知道或者接近知道，我们心底里原来是想要成为这样那样的人，想实现这样那样的梦想。可以参考的问句有：

什么样的事情会让我开心？

我想成为像谁那样的人？（榜样的力量是无穷的，学会找到榜样，超

越榜样，继而被别人榜样）

从商、从政、从教、从文艺娱乐，自己只能选一个，选什么？（选择往往意味着放弃，所以一定要反复做出比较，以便取舍）

管理类工作、行政类工作、营销类工作自己只能选一个，选什么？

主要和2年后我是谁？3年后我是谁？4年后我是谁？5年后我是谁？10年后我是谁？10年后我想过上什么样的生活，那5年后的我应该怎么做？5年后我要那样做，那3年后的我应该怎样做？这样一路倒推过来，以终为始，也能让我们更清楚现在要做什么？

与人打交道的工作、主要和物打交道的工作，自己喜欢哪一种？

……

我把这些称之为梦想问句，让一个一个梦想问句揭开梦想的神秘面纱。这些答案的交集往往就是我们梦想露面出现的地方。

目标有时就像一部具体的影片，刚开始我们并不知道他的具体名字，我们根据这部影片的特征一步步搜索出来。就像迅雷看看，搜索一部影片可以根据类别、年份、国际等慢慢缩小搜寻目标的范围，最终在列项中找到具体要的那部影片。我常用这种由大范围到小范围的方式问出和找到自己真正想要的是什么，推荐读者朋友可以试试。

遴选目标的种子，铺在纸上，种在行动里，写下梦想，是让梦想问句的答案落地。

均衡式的成功越来越受推崇，因为它更加合理。均衡式的梦想，一般分几大板块：家庭、健康、爱情、事业、公益、学习、人脉、娱乐等。

也就是写下自己在家庭方面的目标、健康方面的目标等。为了让这些目标的生存率更高，需要在写下的目标中做增加或删减处理。就像种子，在播种前要遴选一次种子一样。有人说，不被人嘲笑的梦想就不值得追求。当然梦想的本意不是要被人嘲笑。我想说，不被自己尊敬的梦境就不值得实现。好的梦想种子有以下一个或多个特点。

（1）有意义，不触犯法律和道德底线。

（2）符合心中的价值观，追随己心。

（3）富有创造性。

（4）富有趣味性。

（5）富有挑战性，实现能带来成就感。

（6）类别丰富。

（7）让自己怦然心动。

（8）兑现它的理由比放弃它的理由多10倍。

（9）与更多的人有关系。

（10）跟自己其他的目标没有根本矛盾。

遴选颗粒饱满的种子，用行动的双手给它浇水打理。把梦想写在纸上让梦想清晰化、录在音频里让梦想听觉化、贴在墙上让梦想视觉化。重复自己的梦想，守护自己的梦想，尊重自己的梦想，膜拜自己的梦想。让梦想融入自己的灵魂中，成为灵魂重要的一部分，在灵魂的感召下，努力不止，奋斗不息。

### 3．追求梦想

写好目标后，还要记得写上实现梦想的时限，这样有助于给自己适当的压力，提升自己的执行力；也会让自己不自觉地多做与梦想有关的事，把与梦想无关的事抛到九霄云外。生命有限，有限的生命里要实现更多的梦想，就要让梦想井然有序地按时实现或提前签到。如果梦想没有时限，梦想就会是只在梦里想想，总觉得明日何其多。

恋爱中一般都有个环节叫表白，告知公众。“地下党”式的恋爱总容易给人不确定性，这种不确定性继而带来不安全感。梦想同样如此，不以兑现为目的的梦想就是要流氓。怀上一个梦想也像怀上一个孩子，梦想的不兑现，就像孩子的不出生，如果经常让梦想流产，可能就会导致今后的梦想习惯性地不兑现。

公开目标，斩断退路不失为一种督促梦想实现的方式，而且公开自己的目标还有助于为梦想吸引更多的助力。试想，如果别人都不知道你想干什么，又怎么知道你需要什么，不知道你需要什么，也就不知道如何来帮你。

梦想是自己的事，追求梦想实现梦想的过程却往往不是自己一个人能完成的。实现梦想该借力时就借力，该借资源时就要借资源。大部分的富翁都是借银行的钱发展起来的。

小孩子搬石头，父亲在旁边鼓励：孩子，只要你全力以赴，一定搬得起来！最终孩子未能搬起石头，他告诉父亲：我已经拼尽全力了！父亲答：你没有拼尽全力，因为我在你旁边，你都没请求我的帮助。

实现梦想的途中有效的借助别人的帮助并不可耻，相反，一个本应可以实现的梦想没有实现才是可耻。

追求梦想要动真格。实现了给自己奖励，没实现也要给自己点颜色，及时调整自己行动的步伐。



## 4. 和梦想联姻

有些梦想不是一天两天的梦想，是一辈子的梦想，我们与这些梦想深度的联结。这样的梦想让你朝思暮想，它开启你灵感的开关，唤醒你沉睡的潜能，梦想为你人生的长征导航。找到一辈子的梦想是一件幸福的事。

梦想影响一个人的状态，状态又会影响到最终的结果。梦想就是给个人价值和社会价值的实现提供签到的窗口。完成一个梦想就像一场考试，不到最后的时刻，不放弃，至少你还有成绩。

飞机起飞时，机头向上才能高飞；人生路上，是梦想给自己插上了向上飞翔的翅膀！现实与梦想的距离就是人生的征途，没有梦想何来讨伐梦想的勇气、魄力和智慧！没有梦想，人生就还没有开启真正意义上的奋斗征程。

## 前思后想，不如动手一做
## ——让你从此消灭借口的六个字

三思而后行没有错，但如果是去思考寻找借口就大可不必，所以这里提到的前思后想主要指这一方面。提到消灭借口，很多人会想到美国西点军校的“没有借口”四个字。

看完这篇文字后，提到借口，你会想起另外重要的六个字。这六个字消灭的可不是你的一两个借口，也不是你一两个月的借口。使用恰当，它可以消灭你未来90%以上的借口。如果真是如此，你愿意为这六个字付出什么样的代价呢?

好好看接下来的文字，悟到并做到最好。

西点军校里有一个广为传颂的悠久传统，就是遇到军官问话，只能有四种回答：“报告长官，是”；“报告长官，不是”；“报告长官，不知道”；“报告长官，没有任何借口”。除此以外，不能多说一个字。

师父金学建告诉过我一句话，做事的标准有：试试看、尽力而为、全力以赴、无论如何。我想这个无论如何就是一种没有借口的标准，就是湖湘文化中的“霸得蛮”精神。

大凡有出息和注定有出息的组织和个人都不给自己找借口。

我延伸了一下，用一组关联词表达了什么叫“没有借口”、什么叫“无论如何”。

六个字：就算……也要……因为……（就算二字，听起来也坚定豪爽）

借口的出现有两种情况：第一种情况是：想准备做或不想做某件事，而找借口搪塞。第二种情况是：已经做了或忘记做某事，但没处理好事情，而找借口安慰。

关于第一种情况的举例：

**例子 1**：

今天下雨了，我不去图书馆了。

下雨真的可以成为不去图书馆的理由吗？

就算下雨了，我也要按计划去看书，因为我的梦想太需要我有更广的知识面。

**例子 2**：

这个周六，班上要搞农家乐，我就不回家了。

班上搞农家乐真的可以成为不回家看父母的理由吗？

就算班上搞农家乐，我也要回家看父母，因为百事孝为先，农家乐可以下次再参加。

**例子 3**：

生活费快没了，这本书还是不买了。

生活费快没了真的可以成为我不买这本书的理由吗？

就算生活费快没了，我也要买下我钟爱的书，因为人生短暂，我太需要早点汲取它的智慧了。

“就算（……）也要（……）因为（……）”，三个括号里的省略号都有一定代表性。

第一个括号里省略号代表借口，以后可以把借口都放在第一个括号中，我把这个括号取名“借口的坟墓”，专用埋葬借口的尸体。

第二个括号里省略号代表目标或梦想，我把这个括号取名“目标的田园”，专用种植目标的种子。

第三个括号里省略号代表实现目标的动力，我把这个括号取名为“动力的源泉”，专用给实现梦想增加动力。

现在再对照这三个括号的喻义，看上面三个例子，是不是就恍然大悟呢。

“就算（……）也要（……）因为（……）”，是一个可以造出很多句子的句型，所以它也能解决很多的借口。我曾推荐很多的朋友使用，反响很好，而且他们告诉我用这个句型的另一个好处是：可以让自己再冷静一次，厘清一次思路，降低犯错率。

其实很多时候处理事情并非非此即彼，许多事情还有第三种解决方案。下雨了可以准备雨具，时间冲突了可以和班长真诚沟通，生活费快没了可以暂时向朋友借一借，下个月再更好地规划好财务。把我们的追求和梦想摆在借口旁，这些借口顿时就显得微不足道。

许多人总认为下次还可以，譬如，下次还可以去图书馆，下次还可以回家，下次还可以买这本书，并视若真理。不是说每一个下次都不会成立，至少太多的下次会磨灭我们的执行力，太多的下次中有些下次可能永远不来，成了下辈子。

克服借口是我们磨炼自己心智，提升自己执行力很好的方式，或许那一瞬间的克服也会让我们有些不舒服，甚至是痛苦，但这不舒服的时候、这痛苦的时候往往是成长的时候，是破茧成蝶蜕变的时候。

## 挫折——成长的跳板

不经风吹日晒的瓜果不甜，不经历人生坎坷对人生的体验不深。正确地对待挫折，可以让自己的梦想之根扎得更深，梦想之花开得更艳，梦想的果实更甘甜。

从没有经历过挫折已不再是百分百让人骄傲的事情。商界中招聘职业经理人甚至有一个潜规则——职业经理人要有成功的经历，也要有挫折的经历。因为聘用方认为一个没经历过挫折的人可能是因为不敢于去尝试，经历不够多，因为只要大胆尝试，不断地丰富人生的经历，难免就会遇上挫折这个朋友。那种“少做少错，不做不错”的思想在当今社会肯定行不通。

在这里分享一段大学的经历，望大家可以从我的“吃一堑”中生长出间接的经验教训。

2012 年 5 月 16 日下午 5 点多。

我正准备去娄底一所高校演讲，这时手机响了，显示的号码我并不熟悉，一接听，声音富有磁性，声音有港台腔，特别熟悉！对方问候道：“送军呀，最近过得怎样，还好吧。”（声音是如此亲切）我告诉他：“谢谢关心，还可以。”刚想确认下对方是谁，对方告诉我，他换新号码了，要我惠存下。为确认下身份我问对方：“请问您是？”对方立马哈哈大笑：“送军呀，你连我都不记得了呀，你猜我是谁？”

爽朗的笑声、亲切的称呼、加上刚刚那熟悉的港腔——“噢，噢，你是，你是贺老师对吧，哎呀，太开心了接到您的电话。”（笔者注：贺老师是化名。）贺老师马上答道：“是呀，你可想起了哈。”贺老师接着说：“我到岳阳出差一趟，这几天都会在岳阳，就这样先不聊了哈，保持联系。”我说：“一定。”

贺老师是我香港的一个好友，一位事业有成、阅历丰富、儒雅智慧的企业家。与贺老师有过好多次交流，我当时非常感谢他换个号码还专门打电话告诉我。

2012年5月17日上午10点左右。

我手机响了，当时我在娄底姐姐的家里，是贺老师打过来的。我赶紧接了。“送军呀，麻烦了，有一件事情要请你帮帮忙呀，如果你方便的话。”贺老师的声音有些急促，但不失礼貌。我说：“只要送军能做到的，一定帮。”贺老师说出了原委：原来贺老师在岳阳与几个客户喝多了酒后，糊涂酒驾，被交警扣留在交警大队。贺老师在电话里问我，看我有没有什么朋友在交警系统工作，能不能从宽处理。我说马上想办法，当时很是替贺老师着急。

来不及多想，我开始打电话发信息托我朋友找这样的关系。

不到15分钟，贺老师又打电话过来说：“刚打听到口风，多交一笔资金应该就没多大问题了，大概是8000元，我这次到岳阳没带这么多钱，也没带什么卡，但我不想让其他人知道，送军你能不能帮帮忙呀，我把这边一个人的卡号发过来，他帮我去取，麻烦你赶快一点，这次真的是谢谢送军了。”我说：“没问题！”回答得很干脆。

谨慎起见，我打了个电话给贺老师以前的号码，电话无人接听，我进一步确信了。

于是，我给贺老师打了8100元——不是8000元吗？——因为我怕那边异地取款什么的需要手续费，所以多打100元过去。

10分钟左右，消息来了，贺老师很客气地回复了我：款已收到，非常感谢。

我长舒了口气，心里想，等贺老师出来了，还是得好好提醒他一下酒驾的危害。

约10点半，手机又响起来了。

一看是贺老师的，我想肯定是问题解决了，我赶紧接了电话。“这下可麻烦了，送军，因为现在交规改革更严了，估计这次至少需要2万元，还是麻烦你帮帮忙呀。”2万元对当时的我来说，还是个不小的数字。我说，让我想想办法。我姐提醒我，先要8000元，再要2万元，这很可能是个骗局。我还是坚信不可能，贺老师是我朋友呀，再说，以贺老师的声望和地位，根本用不着骗这一两万块钱。朋友有难，帮忙也是天经地义。

我准备再打2万元过去之前，还是警惕了一下，我想我相信贺老师没错，但如果对方不是贺老师呢？顿时，我浑身稍凉了一下，但马上想，贺老师的声音总错不了呀，这确实是贺老师的声音。

我还是决定打个电话给贺老师，确认几件事情，我问贺老师还记得第一次认识是什么时候，贺老师有些生气地回道："这个时候了，你还问这些呀！"我只好把原因告诉贺老师，"贺老师有困难，我送军帮得上的一定帮，但前提是您确实是贺老师呀。"贺老师说，他那边要录口供什么的，接电话不方便，要我相信他，出来后就把钱还给我。然后就挂了电话，语气中夹杂着生气。

我陷入了思考中：2万元，如果真被骗了，不仅会让自己蒙受损失，也会影响到团队的一些创业计划。我自认为也是个谨慎的人，还是决定再打个电话给贺老师。贺老师竟然没接，我想贺老师不会真的生气了吧。

我又赶紧打了几个，贺老师终于接了我电话。问我："送军呀，（钱）打过来了没。"语气亲切中带着无奈、带着着急。我说："贺老师，我就请教一个问题，钱在10分钟内可以打过来。"贺老师说："送军呀，你还是不相信我呀，算了算了，这边延误了，我可能要蹲半年呀，算了算了。"准备挂电话，我说："贺老师，你给我5秒钟，请问我的……姓什么，你告诉我，我马上就把款打过来。"贺老师说了句，"算了算了，送军你太让我伤心了。"电话挂了，留下我一脸的无辜、怅惘……

然后，我手机陆续接到了这样的短信：

"送军，相信我，赶快办好给我电话……我怕时间推迟了……麻烦你了……”

“送军，信不过我勉强也不必了……”

“你给我汇过来吧……要不拘留半年。”

“办好了，给电话。”

“陈送军，不必勉强了……把你的账号发过来……我拘留出来再转回给你……”

其中，内心很是煎熬。当一个自己非常信任的朋友不信任自己时，是很悲伤的。悲伤，因为在乎。

我想，我再打电话问问贺老师的朋友，我不说他在岳阳的事就可以了。我打电话给贺老师的公司总监，问贺老师的事，总监告诉我，“贺老师今天公司晨会还来了，今天上午还陪贺老师见客户了”。

挂了电话，心成了“心飞扬”前面的三个字“透心凉”。不过也凉得很平静，总算真相大白。

我再次很礼貌地打了通电话给“贺老师”，并开启电话录音，把这段录音作为报案的资料之一，同时当作一份纪念。

为了给读者带来提醒，我用文字还原了过程，相信这段经历又产生了新的价值！回顾这一段历程，倒没有懊恼8100元还能不能回来，去了就去了；再说庆幸2万元还没有出去，可以好好珍惜。因为更重要的是这段经历留下的价值是宝贵的。

不从社会角度，也不从行骗者技术角度——因为这两者不是靠某个个体就能改变的。一切向内看，一般说来，被骗的原因主要来自两个方面：一是被自己的贪婪蒙蔽；二是不够成熟冷静，被自己的无知蒙蔽。许多人被骗后很后悔，就是因为处在被蒙蔽的状态，当走出来时，一拍大腿，瘫坐在地，悔不当初。

因为贪小便宜而被骗这种情况，根治的方法只有一种，就是修正自己的品行。

后者常被解释为因为善良被骗，我认为善良且具有智慧就不容易被骗，所以根本点不是因为善良，而是因为过于简单的逻辑思维和种种感情引起的心浮气躁，从而容易陷入圈套。

我后来通过网络得知，“猜猜我是谁”的电话骗局其实已相当“经典”，是比较老套的骗局，但自己在这方面留的心思很少，防人之心不可无。在这次经历中，我也看到了自己遇到急事不够淡定，判断事情证据过于单一，当时自己凭的就是声音，事实上声音像的人也很多呢。

我觉得预防被骗中，一方面要增加自己的知识面，了解一些骗子的手段行径，知己知彼，方能百战不殆。另一方面，在自己无法明确判断时，一定要学会借助外力，因为我们毕竟年龄摆在这里，阅历相对不丰富，我们可以问问父母老师，或者是直接拨打110请教。如果已经意识到被骗了，要学会保护好自己的同时，及时报案，并尽可能降低损失。有许多人想反正被骗了，算了，吃一堑，长一智。“一堑”是自己吃了，这“一智”却是长在更多人身上的，让更多人上心。如果每个人都选择不举报，那这样的骗局只会更猖獗，只会有更多人去吃一堑。长远地自私地想下：骗子会培养出子女继续骗我们的子女。已经被骗了，我们一定要调整好自己的情绪，短暂的失落后，我们要看到挫折的积极意义。说不定这次的小骗局就预防了下次大骗局的降临。

在外因上，我们希望相关的宣传工作、执法工作能做得更好，当然如果天持续下雨，那我们能做的是时刻准备好雨具。做最好的自己，修己安人，在此基础上，尽自己能力凝聚更多力量，让这个社会更和谐，让夜不关门的自在再次回来。

继续回放下去，还有挫折N。我想，既然人生不如意事十之八九，那千万别浪费了这些“不如意”，把挫折变成推动梦想的燃料吧。

挫折不过是建立新海拔的基石。

## 给自己的问题开一副药方

身体出了毛病，我们看医生来解决。生活出了毛病，我们给自己开药方。生活出了问题，病名，往往叫挫折，叫困难，叫不如意。

医治生活病，我化用医学术语，安排相应治疗步骤：

望闻问切、开具方子、修正方子、临床试验、修正治疗、保健预防。

### 1．治疗第一步骤——望闻问切

因为这病是自己给自己看，而且看的是生活病，所以往往又有情况特殊。

切：中医里切诊是指用手触按病人身体。因为这里的诊断不是诊断身体健康与否，所以只谈望闻问。

望：跳出来观自己，观自己被“病”伤的情况，一般看到的是表面现象。

闻：听，这里主要只听听他人的观点和评价，因为“当局者迷，旁观者清”，看别人怎么看待自己所遇到的事，遴选参考。

通过望、闻初步估计好自己面临的问题情况，粗估病症。

问：《难经》里有一句记载“问望而知之谓之神，闻而知之谓之圣，问而知之谓之工，切脉而知之谓之巧”，我们不一定神，也未必圣。所以在“问”上面就要多下功夫。可以说，问是这几个步骤中最重要的一环了。答案常在问问题的那个瞬间就出现。问对问题，才能找到解决的通路。

问问题要有积极性。不要问自己“为什么自己这么倒霉”，“为什么自己竟然落选”，这样的问题容易给自己雪上加霜，多问问自己“怎样让现状变得更好一点”、“怎样让自己恢复信心”。问问题要有逻辑性。横向纵向都问问自己，全面并有深度，挖出病根，端掉病灶，问到内因，再找外因。

中医里有个十问歌，这里我也归纳好了“陈氏六问歌”：

一问发心，二问自己，三问天时，四问地利，五问角度，六问他人。

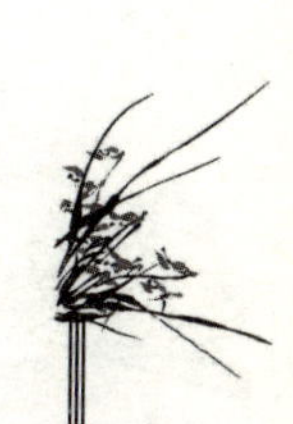

出现问题首先找自己的问题，看自己是否发心端正，其次找时间地点的原因，再次找是不是在处理事情的角度上出了问题，最后才找是否有他人的原因。

通过问明白问题的来龙去脉，归纳问题的本质，明确病症。这个望闻问的过程最好是能写下来，帮助自己厘清思路。

## 2. 治疗第二步骤——开具方子

毛病出现，最重要的还不是深度总结经验教训的时候，只能是初步总结经验教训。因为我们要先走出阴影，因为在阴影下总结出来的东西容易受到情绪的影响。所以别忙着总结教训，否则容易做无用功，还留下后患。

不如像模像样地给自己开副方子吧，自己哪方面敏感，哪方面顽固，自己最清楚。

例：失恋了，如何走出阴影，让自己快乐起来？

写药方：

能让自己快乐的人、事、物、时、地是什么？

人：找也失恋过的人，但现在快乐起来的人。

事：看喜剧一部，看《中国梦想秀》。

物：书，能让自己有好情绪的书——《正能量》《不抱怨的世界》。

这时候医院就是书店、就是图书馆、课堂。护士就是你的朋友、家人。

我们需要自助，也需要帮助，信赖他们。当他们需要帮助的时候，同样让他们感觉到被信赖。

### 3. 治疗第三步骤——修正方子

要知道吃错药可能比没吃药还恐怖。所以学会请教他人，采纳他人合理同时适合自己的建议。增删药物，增减药剂，调整频率。

### 4. 治疗第四、五步骤——临床试验，修正治疗

临床试验，先试着践行方子里的内容，过段时间后检测自己问题的病情是否减轻，如果是，继续，如果没有，那就修正自己的治疗方案。当问题确实很严重时就要找专家来解决。

### 5. 治疗第六步骤——保健预防

治病要花钱，痊愈需要时间，给自己一些额外预算，给自己一些时间，给自己一份温暖。当恢复正常后再去总结跌倒的教训，及时地预防重蹈同样的问题。在每经历一个错误后，都给自己打一剂预防针，在人生的道路上，我们可以走得更好更远。

望闻问切、开具方子、修正方子、临床试验、修正治疗、保健预防这几个步骤本身会让事情变得清晰有逻辑，更重要的是会为一件本身很难产生愉悦的事情散发出娱乐和新颖的气息。要知道，这个世界已经越来越不流行有病呻吟了。

而快乐的心情往往也会给事情处理带来一剂润滑剂，所以，这套步骤本身也是让“病”痊愈的过程。

以前，认为给什么开药方之类的文章，一般是中小学生为了博人眼球，取悦改卷老师之作。现在觉得给自己开药方的方式确实是很好的自救方法，

而且执行起来并不复杂。

随着开药方能力的提升，自己也会更加懂得照顾好自己，遇到问题时，心中也自然多了一份自信。

## 成功是种惯性，应培养好这种习惯

我们不是在把好的习惯养大，就是在把坏的习惯养大。而成功就是一种惯性，要有更大的成就，就要养成更好的习惯，小习惯影响大未来。

众所周知，“21 天养成习惯”。一个言行举止构成习惯时需要时间，习惯就像一只小动物，需要正确的喂养，慢慢长大，习惯才有了更强的生命力。

选择错误的习惯去喂养就是养虎为患、引狼入室；选择恰当的习惯去喂养就会防患于未然。坏习惯是成长路上的吸血鬼，好习惯是成长路上的守护神。《变形记》的作者奥维德有句名言：“Nothing is more powerful than habit”（没有什么比习惯的力量更强大）。

“行为改变习惯，习惯养成性格，性格决定命运”，看面相算命太玄，看习惯算命却靠谱多了，小习惯影响大未来。

### 1．提醒法养成好习惯

通过一定的途径方法，自己提醒自己，请朋友提醒自己，重复和强化自己形成新习惯的意念。

这种提醒，就如商汤王的浴盆上刻着“荀日新，日日新，又日新”，鲁迅在桌上刻了个“早”字。比如，《不抱怨的世界》的作者威尔·鲍温为了帮助读者养成不抱怨的习惯，随书附赠了一个“不抱怨手环”，不抱怨手环上有一行字“a complaint free world”（不抱怨的世界）。人们戴着这个手环，有意无意地看到它就会想到不要抱怨，要抱怨时看到了这个手环，马上放弃抱怨的言语，没了要抱怨的情绪。

提醒还意味着强调坏习惯的坏处，强调好习惯带来的好处。不愿痛苦，追求快乐是正常的本能，这种本能会化作我们形成好习惯的能力。

这种提醒有显意识的提醒，也有潜意识的提醒。我们可以把想要提醒自己的内容定制为语音文件、做成海报、做成手环、做成T恤、做成笔筒等，去提醒自己养成相应的习惯。



### 2. 公众承诺，给自己奖惩法养成好习惯

改变或形成一个习惯，如能恰当地运用公众监督的力量也是很好的办法。比如戒烟，在空间、朋友圈或当众说出自己戒烟的承诺，如果谁发现自己抽一支烟，就奖励对方 100 元。这种公众承诺和大家的监督可以更好地让自我约束，从而改变不良习惯。当然形成一个习惯方法类似，比如承诺每天早上 6：30 前起床晨练，如果室友发现自己 6：30 后才起床，请全室友吃顿大餐等。

### 3. 训练法养成好习惯

威尔·鲍温还特意给读者安排了个练习：当自己抱怨或看到别人抱怨时就把手环换一个手戴，直到自己不再抱怨。这个过程其实就是一个自我训练和强化的过程。

训练法形成习惯，意味着通过训练提升自己的意志力和新行为执行力。

刻意地改变自己的一些日常行为，不要让自己一直生活在习惯的惯性里。比如换一换新的路走，改变下交通方式，换个食堂吃饭，和不一样的同学朋友吃饭。训练自己做一些平时不一定愿意做的事。打开电脑时，第一件事可以不一样，千万别每次一打开电脑就登录 QQ，终有一天你会发现，

你汲汲营营地盼月亮、盼太阳，无聊地聊着 QQ 并没有太多实际的意义。

足够的投篮 3 分练习，会让进 3 分球成为习惯；足够的走钢丝练习，会让走钢丝的人走在钢丝上如履平地般习惯；足够的上台练习讲话，会习惯舞台的感觉；足够的驾校训练，会让你发现开车和骑自行车一样自然……训练，让不习惯变成习惯，让不可能成为可能。

像确定目标一样去确定一些事情的原则，暗示、提醒自己这些原则，对这些原则持续地执行就会慢慢地形成习惯。为辅助前面的方法落地，方便执行，在这里分享部分我的习惯，望抛砖引玉。

我用手机的习惯：

（1）短信里慎用叹号，换位思考短信自己先看一遍，不轻易群发短信，不群发复制张贴的短信，基本不花时间阅读复制非原创的短信。自己编写的短信中署名。

（2）不用短信商量需要详细商量的事情，可以电话或面谈。

（3）有了灵感，用手机辑成备忘录，或编成短信放草稿箱，定期整理，很受益，温故知新。

（4）闲聊电话不超过 5 分钟；要事电话要有方向感，一般不超过 30 分钟，许多要事不如亲自面谈。

（5）吃饭手机放包里。正餐时间一般不接打电话，把这个习惯恰当时机告诉伙伴和朋友，自己也不要在吃饭午休等时间段给别人打电话。

（6）短信实在舍不得删就及时导出，保持手机比较清爽。

（7）给重要人物打电话前发一条信息，问是否接听电话方便。沟通中可以问问一般什么时候致电对方较为方便。

（8）新认识人记电话时可以在手机联系人中标注时间、对方大致信息。征得允许可以拍个头像照。3 天内可以借周末、天气等名发送问候或感谢短信。

（9）重要的电话随笔记录重要信息，下次电联时可以提及相关重点。

（10）留几个常居城市的白晚班出租车电话号码，要是叫车时会非常方便，尤其是晚班。

（11）手机微信、短信、QQ等信息在休息时间集中处理，不多次处理，不必要手机一亮就马上看手机，不成为手机控。

（12）没聊到一定程度，不轻易问别人要手机号码，存了别人号码，及时能在近期有联系，加深印象。

我使用E-mail小习惯：

（1）邮件主题：一定填写。方便别人还没打开邮件就知道邮件的主要内容。

（2）正文字体大小、格式得当，正文不管长短，一定要认真，不要给人应付之感。在邮件主题或正文中一定要标注自己的姓名。因为邮件发件人备注名有时不是真名，所以就容易造成收件人不知道是谁发的邮件。

（3）警惕自己的发件人备注名。尤其是正事要事发送邮件给重要人士时，一个正能量的备注名或许不一定能给自己增多少分，但一个类似“无聊中”的负能量备注名会让对方产生不好的感觉。

（4）发完邮件后第一时间短信告知对方邮件已发送，提醒及时查收。

（5）邮件内容较多时，使用附件，文件打开方式尽量是较流行的软件可以打开的。文件标注备注名，提示文件内容。添加附件时，在邮件正文中提及附件内容，并致以简短问候祝福，不要邮件正文毫无内容，哪怕是借发邮件之名问候下对方也好。

（6）转发邮件时，最好是删掉原来非正文的一些信息。

（7）设置自动回复时，记得兑现自动回复的内容，否则不要轻易设置。

我列清单的习惯：

相信许多人还记得《泰囧》里面宝宝写的泰国旅游愿望清单，实现一个画掉一个的剧情。列清单是一种很好的备忘和梳理思绪的方式。

把世界放到了一张纸上叫世界地图，把中国放在一张纸上叫中国地图，把自己思考的事物放到一张纸上，我把它命名为“陈氏地图”，地图一目了然，帮助我厘清思路，找到方向。这样的陈氏地图被用在目标设定，时间管理，事件分析中。

比如，用陈氏地图写六点工作制（一套广泛用于世界五百强公司的做计划方法，每晚写好第二天要做的六件事，并按重要程度依次排列，第二天按优先级完成清单上的事情）；写行李备忘；分析事情利弊；检查自己的时间安排；写不同朋友圈的名字，看自己在人际关系上处理的好的地方和有待改进的地方……事物在脑海里有时会叠起来，可能会让我们忽略一些不该忽略的事情，而把事物写在一张纸上，就在视觉上成了一个平面，方便查漏补缺，明确思路和行动方向。

其他小习惯：索取发票的习惯；身份证、手机、钥匙、钱包（简称身、手、钥、钱）出门随身携带；随手关门，关门前看看后面是否跟着人，如果跟着人注意帮忙扶着门；给别人写信的习惯；及时表达感谢之情的习惯；赞美的习惯；倾听的习惯……

习惯的养成，刚开始会带来不习惯，就像哪怕是接受一个新事物也要一个过程，接受一个新行为更是如此。就像本来没有阅读书籍的习惯，但小时候看父亲忙里偷闲看书看报，我硬着头皮每天阅读半小时左右课外书，慢慢地发现原来阅读是如此的有趣，如此的让人受益，有一天自己不阅读，反而不习惯。

让我们一起养成好习惯，决胜大未来！最后把美国作家杰克·霍吉的一句话送给大家：

抓住我吧，训练我吧，对我严格管教吧，我将把整个世界呈现在你的脚下。千万别放纵我，那样，我会将你毁灭。我是谁？我就是习惯。

## 谁动了你的梦想（一）

追求梦想的途中，有风平浪静，也有险象环生。有助你一臂之力的贵人，也有扼杀你梦想的杀手。这些杀手有来自外界的杀手，也有源自自己内心的杀手，外界的杀手可怕，源自内心的杀手更可怕，因为它们常常难以发现，扼杀梦想于无形。内心常见的扼杀梦想的杀手有：

### 1．恐惧

恐惧只会给我们带来更大的阻力，有见过对比赛充满恐惧的人最后获得很好的成绩吗？海伦·凯勒用行动证明“人生不是大胆冒险，就是一无所获”。大胆是一种精神。民谚说，撑死胆大的饿死胆小的，不无道理。

太多人不是没有梦想，而是有一大堆梦想都压心里了，不敢去实现，不敢为实现梦想去承担责任。所以有人睿智地得出上大学没用，我想告诉这些人的是：如果自己不改变，上月球都没用，自己也只配拥有稍纵即逝的点点人生快乐。

前怕狼后怕虎的人成不了大事，如果想在有生之年成就一番大业，实现梦想，实现更好更高的个人价值和社会价值，就应该学会面对恐惧，突破自我，尝试从未曾有过的尝试，才有可能得到从未曾得到的得到。宁愿在拼搏中受挫，也不愿在保守中平庸。不说要疯狂，至少要勇敢闯，不然真老了。

能力可以在追求梦想的过程中不断地去提升，方法可以在追求梦想的过程中不断地去完善，人脉可以在追求梦想的过程中不断地去升级。谁会一开始就什么都准备好呢？

## 2. 一个梦想凋零的环境

水的环境不好养不活鱼，人的环境不好养不成大才。

如果你身边有一群没有梦想的人，你会很容易给自己找到一种心理安慰，觉得大家都如此，不必惊慌。这跟一群在井底的青蛙，一起谈论天空之小有什么区别呢？我们待在井里不出来，不代表这个世界就不再飞速发展。我们不去成长，并不意味着和我们一起PK的选手们不会去成长。比如，面试时，一份好的工作可能是万里挑一的选中比例，从优胜劣汰的角度看，我们的竞争对手可不只是我们身边的同学。

有个段子说，“常在河边走，哪有不湿鞋，因为湿了鞋，顺便洗个脚，因为洗个脚，顺便洗个澡”，由“湿鞋”到“湿脚”到“湿身”就是一个慢慢被外界影响的过程。古有孟母三迁，就是为了不让不好的外界环境改变了儿子的正规成长。不是谁都可以出淤泥而不染，不是谁都可以闹中求静。给自己找一个更适合成长的环境，现在的交通信息网络如此发达，地球上有60多亿人，为什么不寻找一帮有梦想、有能量的朋友呢？

## 3. 对自己错误的认识局限了自己

曾在网上看到一个关于人造侏儒的案例，有些像沿街卖艺的人带一些新奇的事物给路人看获得收入本无可厚非，有些人带侏儒来给大家看，有天生的，竟还有人造的。怎么造？他们通过偷或者其他途径非法获得一个婴儿，然后把他装在罐子里面，把身体缠住，只露出他的头养他，故意不让身体长大。旧社会包小脚的女人就很痛苦，痛苦的长大十来年，再把罐子打开，这样的侏儒就比天生侏儒还要矮，这就是人造侏儒。

制造侏儒的人可恶可恨。可恶可恨之余，反观社会中，其实还有很多人在制造观念“侏儒”。什么叫“观念侏儒”？就是自己错误的认识了自己，自己低估了自己的潜能，认为自己就是只能这样，我这方面不行，这辈子就是平庸的，在多年甚至一辈子的强化错误观念下，自己真的变成了“只能这样”“就是平庸”的人。把自己追的梦换成越来越小的，最后没有了梦想。没有手的刘伟用脚弹奏出了优美的钢琴曲；没有手的尼克胡哲学会了游泳；近60岁的山德士用一只鸡，改变了人类的饮食风格……这个世界还有多少是不可能的呢？推荐大家看看尼克胡哲写的《人生不设限》。

错误的自我认识就像那个罐子会束缚住我们的格局和梦想，而正确的自我认识才会让我们绽放。

### 4．死要面子

很多人在追求梦想的过程中，太要面子，怕被打击，最终抛弃了梦想（说被梦想抛弃，可能更贴切）。

现在我们看到荧屏上，杂志封面上的成功人物，他们今天的被追捧是多少次的被打击换来的。疯狂英语创始人李阳就是个典型，当年嘲笑他疯癫的同学的孩子或许现在都在李阳集训营和李阳学英语呢。“I enjoy losing face！”就是李阳的至理名言，我想这种热爱丢脸，热爱的是丢脸背后的那份成长，这种热爱丢脸是对梦想的尊重和虔诚。

因为我们的要面子，我们失去了更多的真实；因为我们的要面子，我们放弃了很多请教的机会；因为我们的要面子，别人不知道我们的真实问题，也不知道如何帮助我们。

有一句话说，不被人嘲笑的梦想，就不值得追求。我们此一时丢脸，彼一时被赏脸。有时把面子放一放，把成长的价值拾起，朝梦想迈进，这才是智者。

## 5．没见过，没听过

当年，秦始皇南巡，仪仗万千，威风凛凛。年轻的刘邦和项羽见到后，分别发出了“大丈夫当如是也”和“彼可取而代之”的慨叹。正因为这种场面触动了自己，所以引发了自己的梦想和行动。如果没有看到这样的场面，或许历史上就少了一段刘邦项羽的传奇故事。

大学期间，在正常上课的八小时外，我探索着更好的成长之路：持续的去听讲座，去参加培训班，去上海、去沈阳、去南昌、去深圳、去乌鲁木齐，去国外……大学期间去上海就超过 20 次，去看书，去旅游，去交新朋友，这个探索的过程极大地丰富了我的视野，增长了我的见闻，这种丰富和增长又让我进一步发现了自己的寡陋，我终于明白了屈原先生的那句“路漫漫其修远兮，吾将上下而求索”。

见过听过，格局开阔，才不会轻易错过。

## 6．懒惰

懒惰的集中表现就是执行力差。大学生有个优点就是想法很多，有个缺点就是想法太多，执行力太差，思想很勤快，行为很懒惰。一天一个想法，一个月也不一定执行一个想法。人生不如意之事，十有八九源于懒。不行所以不行，没用所以没用，不难是因为不懒。

轻易妥协，畏难情绪也是一种懒的体现。得过且过，找理由搪塞自己。吃不到葡萄说葡萄酸，就像买不起说自己不想买。买得起不买和买不起不买是有区别的。前者是主动，后者是被动。被动郁结无奈，主动散发快乐。见识让自己知道眼前，眼光让自己看到未来，执行力把未来和眼前拉到一起。

# 谁动了你的梦想（二）

## 1．将信将疑，犹豫徘徊

在墙上打钉子，敲进去，拔出来看看，老是去拔，钉子就不再钉的牢固，梦想也是如此，要么变得更坚定，要么变得动摇。在优胜劣汰的永恒规律里，竞争固然激烈，那些信念坚定、执着奋斗的人都尚且可能失败，将信将疑，犹豫徘徊的人更是进不了人生的总决赛。

当我们越相信梦想，越执着于梦想时，更多的灵感会迸发，更多的贵人会出现。对目标相信的程度与目标出现的概率呈正相关，或叫吸引力法则，或叫“念念不忘必有回响”。

## 2．听信父母

看着这四个字，别忙着否定。许多人的梦想就是被两句话阉割的，一句叫“我爸说”，一句叫“我妈说”。

有些父母教育孩子的思想就是放羊娃式的教育。长大后干什么，放羊；放羊干什么，赚钱；赚钱干什么，娶媳妇生孩子；生孩子干什么，放羊。

父母对孩子的教育更多应侧重道德方面的教育，方法为辅。1500 元每月收入的父母可以培养出每月 15 万元收入的子女，是因为他们引导子女有了接受 15 万元每月的品质。不是经济上的方法。有人一味地遵循父母的方法，只得不断抛下自己最初的梦想，前天的梦想，昨天的梦想，以达到短暂的平衡，最后却把人生陨落在时光的红尘里。这样的结局相信也不是父母希望看到的，父母希望的是我们好，我们就努力的做好自己，让父母看到结果，看到我们的幸福。

有人前30年基本就听父母的话长大，活在父母的世界；中间20年对孩子的话言听计从，活在孩子的世界；后面二三十年听身体的话，生活在病痛的世界。然而，这样的一生没有活出生命本应有的神圣和伟大。

学会找到属于自己的声音，我们也可以找已经实现这个目标的榜样，或接近实现这个目标的榜样。把“我爸说”“我妈说”“我榜样说”当做自己重要的参考，引爆自己的“我说”，才是通往梦想的正途。

## 3. 我很忙

很多人比钟表的表针还忙，表针时刻在转，它们推动了时间的前进；有些人时刻在转，他们只是陪伴了时间的前进。他们知道自己很忙，但不知道到底在忙什么？不知道为什么而在忙？因为对为什么忙一无所知，所以忙完后的结果就是一无所获。

大学里稍微忙一些是件好事，太闲甚至没什么事就容易无事生非，就容易七想八想。但一定是围绕着梦想的大方向的，而不是像无头苍蝇乱窜。

## 4. 抱怨

世界上最大的噪声污染是抱怨声，导致全球变暖的最不应该出现的气体是叹气。抱怨和叹气导致的连锁反应及该反应造成的不良影响不可估量。

成功难，不成功更难。是的，不成功意味着更多的被动，更多的局限。如果体检看病等，挂号难，不挂号受病痛更难；抱怨只会引来更多按你的逻辑值得抱怨的事情，既然如此，不如把抱怨问题的时间花在解决问题上，亲，你说呢？

我没有见过一个喜欢抱怨的人能真正赢得别人的喜欢和尊重，从人道主义角度考虑，我倒是认为这些人特别值得同情，他们在用抱怨炮制的浓雾里，迷失了生活的真谛和生命的趣味。

## 5．我知道

亲爱的读者，你可能看到“我知道”这三个字会纳闷：不是知识改变命运吗，怎么“我知道”竟然成了扼杀梦想的杀手？

在本书《给嘴唇涂上点口才》中，我提出了一个群体：“我知道们。”生活中有这么一些人，他们喜欢打断对方的谈话，喜欢拦断别人的讲话，喜欢抢话，谈话中喜欢对方说个什么还没说完就说“我知道”，我称这些人为“我知道们”。

在追求梦想的路上，在经过自己的琢磨后，还是困惑的地方我们要虚心地找对人，问对问题，倾听教诲，醒觉自我。路不是一开始就在脚下的，路是看明白了问清楚了，脚下的路才是属于自己行走的路。

“格物致知”的古训不能忘记。对于许多该通透的问题，如果我们抱着“一知半解”、“不求甚解”的求知态度，我们就会变得越来越无知。而且即使当对方在答疑解惑时说的东西自己好像明白，也可以先听完，万一对方说出一个全新解读的角度呢。

许多时候，一句“噢，我明白了，谢谢”比一句生硬的证明“我知道”来得更为贴切。不要因为“我知道”三个字堵塞了智慧之水的泉眼，不要因为“我知道”三个字阻碍了自己追梦的脚步。已知只是一滴水，未知却是太平洋，追梦的路上有太多需要我们去探索的空间，谦卑中、求知中修成虚怀若谷的胸襟，豪迈人生的豁达。

## 6．缺爱

有些人对让家人过上更幸福的日子，让村民过上更幸福的日子，让更多人因为自己变得更好这些事没有概念，只知道自己现在过得去，得过且过。缺少爱当然就缺少动力，微不足道的动力当然只能去实现微不足道的目标和梦想。

周恩来同志“为中华之崛起而读书”，乔布斯“活着就是为了改变世界”，佛陀为了“普度众生”，是因为他们心中满满的爱，这份对更多人的爱让他们有着澎湃的动力。试想，如果我们极度渴望自己的存在让别人变得更幸福，我们的追求梦想的动力是否会更足呢？当想放弃的时候，想象这些人的幸福，自己马上就又有了动力。

行动一旦遇上爱，将化学反应出取之不尽，用之不竭的力量。爱是行动的新娘。

爱是一种状态，生活在爱的状态里。追求梦想的途中，在爱的庇佑下，我们策马奔腾。

扼杀梦想的“杀手”常常是我们自己把它们释放了出来，它们阻挡着我们追梦的步伐，有些“杀手”甚至是共同作案的。我们要做的是守护自己的梦想，勇敢地与之决斗，在实现梦想的征途上义无反顾！

# 第六章　心是影响力的源泉

除了外星人，我们都活在某种关系里：亲情关系、同学关系……个人认为，在人际关系处理中掺入很多技巧，是一件很俗的事情，除非你让用心与真诚流淌其中。有句话说：世界上有两件事最难，一是把自己的思想装进别人的脑袋里；二是把别人的钱装进自己的口袋里。其实比这两个更重要的是把自己的心装进别人的心里；把别人的心装进自己的心里。用心吸引来的人脉，只要心在，刹那就是永恒。

# 用心，让你赢得更好的人际关系

“人际”后面常跟“关系”二字，如亲情关系、亲戚关系、朋友关系、恋人关系、同学关系……除了外星人，其他人都活在某种关系里，人际关系活动的品质则是人生命品质的体现。

在人际关系处理中掺入很多技巧，是一件很俗的事情，除非你让用心与真诚流淌其中。当使用方法技巧时，一定要记得带上心。让心成为方法的灵魂，此时不叫用方法，叫用心；此时方法不叫方法，叫心法。正如古语所言：“以心感人人心归，用心为客客心留”“以利相交，利尽则散；以势相交，势去则倾；以权相交，权失则弃；唯以心相交，方成其久远”。

有句话说：世界上有两件事最难，一是把自己的思想装进别人的脑袋里；二是把别人的钱装进自己的口袋里。其实比这两个更重要的是把自己的心装进别人的心里；把别人的心装进自己的心里。有些人的人际关系状态是手机通信录里有对方的名字，QQ 好友里有对方的名字，微信里有对方的名字，唯独心里没有。网络由互联到移动互联，但心有没有联在一起呢？心法的运用让人际关系由移动互联走向心联。

运用心法的角度有很多，以下是部分可以运用心法的维度。

## 1. 在“名字”二字上的用心

尊重彼此的名字，说清楚自己名字，叫准对方的名字，让对方知道你的名字，让自己的名字容易记住等关于名字的细节都值得我们注意。

彼此记住称呼对方的方式是人际关系处理的基础。现在的交流方式有很多，随之地多了很多双方忘记彼此名字的情况。不要怪对方忘记了你的名字：对方或许从来就没记住你的名字；你的 QQ 网名、微信名称太有“范儿”，无法联想到你本人；你发的邮件中没有你的名字；应该署名的短信，你没有署名……对方跟你交流了半天，你认为对方知道自己是谁，结果对方不好意思问，含糊过去，这样的交流容易流于形式、浪费时间。

为对方考虑，让自己的名字容易记住，如果字比较复杂也可以用自己的常用外号代替，让自己的称谓容易传播，想一些方法帮助对方记住自己的名字，适当增加自己的名字在对方世界里出现的频率，重复带来记忆，多出现几次就记住了。通常我会通过以下一些方式让对方记住自己的名字：短信署名；介绍时提醒是“十送红军”送军，加上一个夸张的敬礼动作等让对方对“送军”两个字印象深刻；和对方交流时把“我”改成“送军”，譬如“我敬您一杯”改成“送军敬您一杯”等方式帮助对方记住我的名字。

当一时想不起对方的名字时可以借助对方不认识的第三方之力量，譬如，建议他们双方相互认识下。在不是当面见到的情况，我一般会以电脑显示的是网名或因为手机换了还没更新好通信录等方式委婉地表达相关意思，请对方告诉我名字。

## 2. 用好三个字，人际关系迅速升温

试问：别人在空间里回复你，是不是有一种特别的感觉；别人引用你的话是不是有一种特别的感觉；别人给你送礼物来了，是不是有一种特别的感觉；别人的言行举止特别的关照了你，是不是有一种特别的感觉——这种“特别的感觉”就是一种人性的特点：渴望被关注，渴望被人在乎。我说的是人性的特点，这种特点本身没有优缺点之分，关键看我们如何去运用。

所以用好三个字，人际关系便会迅速升温，这三个字就是：被在乎。

学会把一些心思放到他人身上的重要性不言而喻。情商的表现之一就是我们有多替对方考虑，以及我们是否考虑到了核心点上。把“被在乎”

三个字发挥到极致，你的人际关系也会达到一个更高的高度。把花在自己身上心思的20% ~ 30%花在别人身上，自己的人际关系马上好3倍以上。如何把心思放些到别人身上，既让对方收获一份喜悦和感动，也不违背自己的初衷呢？

首先，照顾对方渴望“被在乎”的念头应是正念的：通过一种让对方感到被在乎的方式，让对方收获一份喜悦和感动。通过这种方式寄托自己对这份情谊的珍重之情，让彼此的关系升温，更融洽。这份正念就是发正心。

其次，在沟通相处中学会融入对方的元素。对方穿新衣服，有新造型，有新进步时，及时地予以鼓励和肯定；就餐点菜时，记得让对方先点，问问对方的口味，并暗暗记住，这次及以后嘱咐餐厅的注意；留心对方的一些生活习惯，不打乱不干扰对方的生活规律；KTV里唱歌时，关注那些想唱不敢唱的朋友，帮助他们点歌，帮助带动氛围……这些细节都是找到一种途径去践行自己对对方的在乎。

## 3．人脉在虚心请教的过程中升华



虚心请教，既增长了智慧，也让人际关系在教与学的关系中得到升华。

在当前这个信息丰富的社会，伯乐常有，而千里马不常有。有太多人自认为自己是人才，从而不愿意去借用他人的智慧和时间，结果落得个孤芳自赏、渐渐看不到同伴的背影。相反，很多公认的人才都是虚心请教他人的人，在虚心请教中，他们吸引来了智慧的导师，譬如，举世闻名的法国地磁学家法拉第。

法拉第没有上过什么学，曾经也没有取得较大的成就，但他对科学很感兴趣，经常去听大英博物馆大师的免费讲座。他听到汉弗莱的讲座，就给他写了很多信，说想跟他做学生、秘书、管家，什么都可以，只是想有机会在他左右学习。汉弗莱·戴维是一个知名的科学家，没有时间去回答一个普通小伙的问题。法拉第就每次听完他的讲座，把讲稿详细地记录下来，打印装订成册，恭恭敬敬地给戴维送上一本。终于感动了戴维，收他做了学徒。他开始做各种打杂的工作，逐渐参与了实验，做了很多发明，成就超过了戴维。

法拉第的虚心请教，让他赢得了一个伟大的恩师，一个一生的朋友，一段科学的传奇。虚心地、真诚地去请教你所敬仰的人吧，不好为人师，但可以好为学生，三人行必有吾师。

## 4. 合作就是人际关系处理的主旋律

合作，要清楚自己是谁，自己要什么，自己有什么，找人合作要“出师有名”，发现别人需要什么，找到需要与被需要的交集。好的合作意味着提高效率，放大价值。用捕鱼做比，个人如单根线，团队就如一张网。钓鱼和网鱼哪一个效率更高呢？成功要靠自己，但不是只靠自己就可以了，合作推动大作。自古以来，全力以赴就不单只是指自己一个人拼命干，还意味着“团结一切可以团结的力量”。

这种团结意味着发挥团队的优势，各有所长，扬长补短，实现“1+1 > 2”的效果。有一个讲述狮子和老鼠的寓言故事：

小老鼠不小心被狮子逮到，小老鼠求狮子放了它，并说，将来一定会报答狮子的。狮子十分不屑地放了小老鼠，根本不相信老鼠可以救得了狮子。可是，有一天，狮子被猎人捉住，小老鼠咬断绳子救了狮子。

可以说，随着时间、地点、角度的不一样，有些情况，此一时彼一时，原来狮子和老鼠也是可以合作的。

通过合作的方式，在合作中增进了双方的了解，加强了彼此的关系。

合作，不失为人际关系处理中一个好的出发点。

用方法换来的人脉，是什么时候方法消失，人脉就消失。

用心法吸引来的人脉，只要心在，刹那就是永恒。

## 送到心上的礼物才叫礼物——“礼心”情意重

送礼不是要把礼物送到对方手上，而是要把礼物送到对方心里。我把这简称“礼心”。情意轻重跟礼物轻重贵廉没有直接关系，跟是否“礼心”却大有关系。

送礼真的是一门学问，送不好显得庸俗，对方反而不高兴，送好了就是很好地表达了自己的心意。送礼有很多的讲究，个人认为很重要的两点就是：真诚、送到对方的心坎上。真诚不用多说。送到对方的心坎上，意味着充分考虑到有关对方的元素，当然如果自己的一些元素于对方而言也很有吸引力，那送出有自己元素的东西也是非常好的，譬如，自己的字画、自己拥有或创造的其他东西。其实这一切还是对前文中“被在乎”三个字的解读。

随着电子设备的增多，手写的信件似乎变得越来越稀贵。我喜欢手写文字，原创一些文字作品（不敢称自己的作品为文学作品，叫文字作品，自得其乐）。我不常把这些文字作品送人，有些东西随便送，反而让人不珍惜。遇到重要的朋友和事物，我会把自己原创的文字作品以信件或其他方式送给对方作为礼物。

比如我会写些小诗。声明一下：这些小诗不算藏头诗，因为我觉得这些文字离诗还很远，似乎离打油诗也有距离，所以我命之为“打酱油诗”。但这些“打酱油诗”却以一种寄托趣味、寄托心意的方式表达着我对对方的在乎和重视。在此摘录我写给朋友雷淑兰和罗浩的“打酱油诗”如下。

**致雷淑兰**

携风带雨领江山
手把清风袖中藏
共抒豪情之云霄
进步神速才酣畅
写云作海雷声张
传芳百世淑贤德
奇迹之时兰花香

**致罗浩**

青春壮志舞山河
年华绽放台中央
领军天下王上王
袖吞云海者真强
罗氏新秀是巨星
浩然光辉你我翔



“携手共进写传奇，领袖之才雷淑兰”“青年领袖罗浩，舞台王者是你”是我表达的鼓励和寄托。我遴选了两张他们参加晶口才团队活动的照片，并把这两首诗写在他们的照片旁，把照片过好塑后送给了淑兰和罗浩，自然，这两个“小伙伴”是非常开心。

写诗不是我的特长，但每一首我都很认真、很用心地去写，把对方装在心里。类似这样的“打酱油诗”我写了将近100首，我想这也是我有一个较好人脉关系氛围的法宝之一。得瑟的表示下，这些打酱油诗，让我和好些朋友及一些初认识的人增进了友谊。来句广告词：哥打的是酱油，捞上来的却是彼此更深的情谊。

除了写打酱油诗，我还喜欢送定制的礼物，比如，找很多人一起录制送给对方的祝福视频光盘，送有对方喜欢语录的雅致小名片盒，送有对方名字“×× 专属”的桃木钢笔，送写有自己鼓励语的书籍，送能搭配对方某件衣服的围巾……

送礼物不一定就要花很多钱，但坚持送礼物的小习惯自然会增加开支。但我即便是经济拮据的时候，依然坚持送小礼物的习惯。给同学送生日礼物、圣诞节礼物，天气冷时送围巾、手套等。把钱都放在卡里不足以体现它们更大的价值，合理地花出去，譬如，用在一件称心的礼物上，无意中，你可能收获更多。

乔布斯先生也是一个喜欢送礼的人。比如，他总戴一只 2000 美元的保时捷手表，因为他认为这一款的设计特别经典，当有人注意到并且赞美他的手表时，他一般都会把手表摘下，送给这个“有眼光”的人。几分钟后，他又会拿出一只同款的手表戴上，因为这款手表他买了一箱，就是为了“宝剑赠英雄”。

一个会送出有质感礼品的人会给人带来很好的印象。所以学会送礼，学会用心地去制造小小的惊喜不失为处理人际关系的好方法。

## 找到对的朋友，做个受欢迎的人<br>——人际关系处理的“两个明白”

遇上什么人、听到什么话，因为这些人和话所经历的什么事都会给我们带来不一样的冲击，这一切都在或深或浅的影响着我们的人生轨迹，同时，在人际关系中，是否受欢迎又影响着我们的幸福指数。

在人际关系处理中，我们要做到以下两个明白：

## 1. 明白自己是谁，找到自己的“族群”

人以群分，一班人影响了另一班人。道不同则不相为谋。在人脉交往中找准自己的位置，找到属于自己的“族群”。你的这班人在哪里呢？有一个寓言故事告诉我们，选错了搭档对象，选错了朋友，就会产生祸患。

一天，一只青蛙坐在河边。一只蝎子路过，说：“青蛙先生，我想过河，可我不会游泳。你能不能发发慈悲，让我坐你背上，把我送过河？”青蛙说：“可蝎子最喜欢蜇青蛙了。”蝎子说：“我蜇你干什么呀，我的目的是到河对岸去。”“好吧！”青蛙说，“只要你不蜇我，上来吧，我送你过河。”可是，它们才到河中间，蝎子就不由自主地蜇了青蛙一下。青蛙痛苦地挣扎着，奄奄一息地问：“你为什么要蜇我呀？这下我们两个都活不成了。”蝎子说：“没办法，因为我是蝎子，蝎子就是喜欢蜇青蛙，我实在管不住自己。”

千金买宅，万金买邻。不一样的人群接受不一样的文化，有着不一样的为人处世准则，哪怕多花心思、时间和其他代价，我们也要找准朋友伙伴，找准要帮助的对象。我这里说的这种族群的划分，是从道德品质的角度进行的族群划分。与金钱、民族、名利、职位、年龄、性别等没有关系。找到自己的“族群”，不是跟其他非本族群的人就不交流，而是同样开展“外交”，求同存异。

圈子如水，要随时更新自己的圈子，人脉圈是第一位的，需要持续升级。朋友如歌，有朋友如经典老歌，总带来温暖；有朋友如流行新歌，总带来新的冲击；有朋友如淳朴山歌，总带来亲切的气息；有朋友如来自维也纳殿堂的歌曲，高贵端庄；有朋友是街头一首不知名的曲子，但总让你常常忆起。每一位朋友就像一个音符，合成生活的旋律。听新的歌会有新的感觉，听老的歌总是莫名其妙的感动。

看微信朋友圈的启示：不同的人朋友圈的话题也不同。我们不一定能做到韩寒帅气的杯中窥人，但我们从圈中是可以窥人的。作为当代大学生，如果你不想自己整天沉溺在这种话题里：说这食堂菜包子怎么怎么了，今天班上那男生太闷骚了，谁谁谁又和谁谁谁闹绯闻了……（这些话题不是不能聊，而是不能成为大学里的主旋律）。在变态的朋友圈中生活的人是觉察不出自己的变态举动的，要想有更智慧、更有趣的话题，有更好的生活状态，就要找到有智慧有意义的朋友，大学里人才济济，只要用心，这样的朋友群体一直都在。有一句话说，看一个人，就看他身边的朋友。所以，请谨慎选择你的朋友圈。

除了血脉上的人脉，其他人脉都是自己选择出来的。什么样的环境产生什么样的人脉，什么样的人脉产生什么样的话题，什么样的话题沉淀出什么样的高度，什么样的高度缔造出什么样的人生境界。

## 2. 明白什么样的人普遍不受欢迎，不踩人脉关系的雷区

以下行为在人脉关系中普遍不受喜欢，难以得到别人内心的尊重：

（1）不孝顺的人，不顾家的人。一个不孝顺，不顾家的人意味着失去了道德之本，这样的人是很危险的，连亲人都可以如此对待，你会期待他更好地对待自己吗？所以凡是不孝顺，不顾家的人往往不受欢迎，也很难获得尊重。

（2）自私自利的人。这样的人一毛不拔，喜欢占朋友便宜。有好东西好事物了自己独享。还有我就看到过一些大学生喜欢蹭别人请客，但自己从来不请客，可能需要自己请客比较为宜了，却提出 AA 制。这样的大

学生占得了一时便宜，却失去了更多朋友，失去了更多宝贵的尊重。爱在人脉这根线上流动，人脉是往外往深延展的。以自己为中心，朋友会越来越少；以朋友为中心，朋友会越来越多。付出是快乐的，快乐是付出的。

（3）势利的人。《中国绅士》作者靳羽西有一句话：真正的大人物，在任何时候、任何地方都平等地对待每一个人，不只是在特殊的情况下，对一些特别的人，才有礼貌、体贴和慷慨。木桶原理同样适用于人脉关系，其实看一个人的素质水平就看他在最没有监督和利益关系的情况下怎样对待他人。如果不想成为一个道貌岸然的势利的人，就应该由内而外的端正自己的品行，品德不是拿出来展览炫耀的，而是内化于心，践之于行，照耀他人的。

（4）喜欢抱怨的人。抱怨会导致连锁反应。

一父亲在公司受到了老板的批评，回到家就把沙发上跳来跳去的孩子臭骂了一顿。孩子心里窝火，狠狠地去踹身边打滚的猫。猫逃到街上正好一辆卡车开过来，司机赶紧避让，却把路边的孩子撞伤了。

这就是心理学上著名的“踢猫效应”，描绘的是一种典型的坏情绪的传染。破坏力的影响往往会大于建设力的影响，抱怨往往就会造成破坏力。喜欢抱怨的人习惯提出对方或一些事物的缺点，却往往不提供解决方案和建议，人脉关系中，轻易指责别人的缺点是件冒险的事情；喜欢抱怨的人一般也没有什么亲和力，谁会喜欢看到一个黑着脸拉着脸的人呢；喜欢抱怨的人不被人喜欢，因而也很难被信赖。人脉关系处理中千万别把自己以怨妇、怨夫一样的形式呈现，别人可能会附和你几句，但不会从内心尊重你。

（5）虚伪的人，人前一套人后又是一套的人。这样的人存在道德问题。在你面前，他说你一千个好；一旦不在你面前，他可能还说你两句坏话。语言上的巨人，行动上的矮子，喜欢天花乱坠地吹自己够哥们、够姐们，但就是不见什么行动。

（6）虚荣心很强的人，也让人觉得他戴了面具，让人无法走近也不愿真正走近他。不要以为自己是世界的中心，每天对着镜子琢磨半小时决定用哪种口红，穿哪件衣服，背哪款包包，整哪款发型，你的苦心也许根本没有人注意。外在的东西可以有但作为大学生的我们，作为还是消费者的我们适当就好，大家都在做自己的事情，你也把注意力放在事上吧，务实、务实、再务实，不要总惦记着别人怎么评价你，别人怎么来看你。

人脉关系的雷区，需要自己在人脉关系处理中去发现，去避免。远离雷区，也就拥有了一个更健康、更有意义、更“高端大气上档次”的人脉关系。

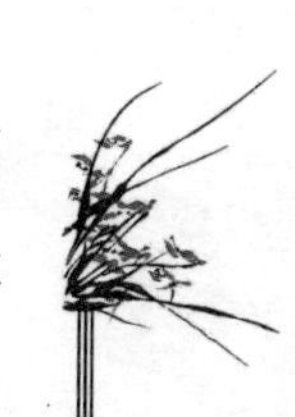

## 打造被信赖的个人品牌（一）

世界上最脆弱的是生命，其次是人与人之间的信任。

打造被信赖的个人品牌，被信赖是一种优势。一件产品如果被广大消费者信赖，它一定畅销。一个人如果在人际关系处理中被信赖，就意味着优势。被信赖是一种优势，它会让你拥有左右逢源的人际关系。

在过去的社会，让一个人相信一个人，相对容易。过去人们的“门不闭户”和现在的“不认识邻居”现象之鲜明对比，让人欷歔。社会整体的信任缺失无法一时改变，我们能做的是更好地改变自己，端正自己的内心，适当地运用技巧，让自己原本就可以被信赖的内在变得更明显。

如公众微信广告语，“再小的个体，也有自己的品牌”，我们要建立好自己的个人品牌。最好的方式就是站在人性的角度，根据人性创造自己被信赖的个人品牌。换句话说，我们通常是依据某某才会信赖别人，别人也是会依据某某才会信任我们。有一种人性是防人之心不可无。所以让自己在人际关系“免检”几乎不可能，我们能做的就是创造自己可以被信赖的依据，不断提升自己被信赖度，从而赢得对方更大的信任“额度”。当然，个人品牌是建立在自己本身真正值得别人信赖的基础之上的。

建立被信赖的个人品牌有多种方式，可以根据具体的情况通过以下方面去建立。

### 1．形象气质

“以貌取人”的人性与相应的创造被信赖。

如果说所有人都以貌取人的观点很偏激，那至少几乎所有人都会把“貌”当做一种是否信赖这个人，是否“取人”的重要参考。这种“貌”就是形象气质。

高考的第一道题往往是考字音或字形，而且这个题目只要好好备考往往不会失分。形象气质往往也是别人“考”我们，或者说“检”我们的第一道题，只要好好准备，我们依然可以不失分，或尽量少失分。苹果手机，相信你首先也会被它的“貌”打动。你的形象气质要么是给你的被信赖度加分了，要么就是减分，不加则减。

一说到形象气质，千万不要认为形象气质取决于父母，父母在这方面一般最多决定了你的性别和初步的“形”，而你的“象”和“气质”就看你后天的修养和修饰了。“形”“象”“气”“质”，25% 取决于父母，75% 取决于后天的影响。

形象气质也是实力的一种。让形象说话，让气质说话。形象气质有时甚至会帮助你创造压倒性优势。美国历史上尼克松与肯尼迪的一场总统竞选就是有力的佐证。

1960 年 9 月 26 日，在芝加哥哥伦比亚广播公司的一个电视直播间里，总统候选人理查德·尼克松和约翰·肯尼迪站在摄像机和聚光灯前，进行了美国总统竞选历史上第一次电视辩论。

尼克松当时是美国副总统，肯尼迪不过是马萨诸塞州一名资历尚浅的参议员，此前许多人认为这将是一场一边倒的竞赛——经验老到的尼克松肯定会胜出。但电视屏幕改变了一切，当时尼克松刚动过膝盖手术，脸色苍白，身体消瘦，还发着烧；肯尼迪则刚刚参加完加州竞选活动，肤色黝黑，活力四射。上台前两人都没有请专业化妆师化妆，但肯尼迪的助手帮他简单地“润了润色”，尼克松则随便抹了点男用粉底霜，结果在电视上显得脸色更加苍白。

如果你在广播中收听这场辩论，你会认为两个人旗鼓相当，不分高下。但电视观众们看到的却是另一番情景——一脸憔悴的尼克松 PK 阳光活力的肯尼迪。当年参加现场直播的桑德尔·范奴克回忆说：“我注意到副总统嘴唇附近满是汗渍，肯尼迪则非常自信，光彩照人。”对比如此鲜明，观看直播的 6500 万美国人几乎立刻就能决定要把选票投给谁。虽然此后两人又进行了三场电视辩论，但已经无关紧要了。美国东北大学专门研究总统辩论的新闻学教授阿兰·施罗德指出：“肯尼迪在第一场辩论中就确立了压倒性优势，尼克松想要翻盘是极其困难的。”事后肯尼迪也表示，如果没有电视辩论，他很难入主白宫。也许是这次失利在尼克松心里投下了太长的阴影，在 1968 年和 1972 年的总统选举中他都拒绝参加电视辩论，所幸并未影响他最后成功当选。



破坏力远大于建设力。所以，差的形象气质会破坏你几十年，好的形象气质会帮助你几十年，为什么不打造好的形象气质呢？那如何打造自己好的形象气质，从而增加自己于别人的被信赖度呢？

鲜艳的带着露水的花，总比无精打采的花卖得俏。鲜艳就是花的形象气质。

相由心生，所以好的形象气质第一来自修心，不断修炼自己的道德品质。

发型、表情、着装搭配、配饰选择都会影响自己的气质，假如说身上有一百个细节影响气质，做好一处加一分，往往做错一处可能就扣了50分。拿表情来说，一个焦头烂额、愁眉苦脸的人，人们很难相信他有能力搞定事情。脸上打了啫喱水一样僵硬的人，表情便秘般暴力的借钱脸、哭丧脸的人很难获得他人的信赖，而一个面带祥和表情的人却总给人靠谱的感觉。

一个在形象气质上不注意的人，常给人不得体、不严谨、不识时务的印象，这样又怎能增加自己的被信赖度呢。推荐大家可以看看这方面的书籍，比如于西蔓老师的书籍。大方向上是根据不同的场合、不同的对象选择与场合相符合的形象。

### 2．照片、视频

“眼见为实，耳听为虚”的人性与相应的创造被信赖。

以照片和视频为证，视觉化自己所述内容，可以增加被信赖度。所以现在大学生面试进入复试时，越来越流行把自己的简历制成一张制作精美的VCR，里面有照片，有视频，也有推荐人推荐语。

## 打造被信赖的个人品牌（二）

### 1．“让对方相信的人推荐自己”

“相信过去的相信甚至迷信权威”的人性与相应的创造被信赖。

信任可以传递。A君不一定相信你，但如果A君相信的人相信你，那A君就更容易相信你。A君的偶像代言了一款洗发水，即使不怎么了解这款洗发水的功效，A 君也愿意相信这款洗发水。这就是为什么许多品牌有形象代言人的原因。如果这个代言人是老板自己，或许就不一定这么好使了，大众会想：自己当然会给自己说话。人们愿意相信两个声音，一个是自己的声音，另一个是自己相信的人的声音。

创造自己的被信赖，一味毛遂自荐可能并不好使。相反，自己推荐自己的少，别人推荐的多，尤其是这个“别人”有所来头，且对方相信，那就更容易提升自己的被信赖度了。

## 2. “创造快乐”

“开心了什么都好说”的人性与相应的创造被信赖。

人际关系处理中的快乐感是会带来信赖感的前奏。被喜欢是被信赖的前奏。快乐促成认识到赏识的过程；快乐促成了解到喜欢的过程。所以不要在对方不开心的时候去让对方信任什么事情和信任自己。适当的幽默和插话，通过一些帮助对方、照顾对方的行为和细节，创造被喜欢的空间。快乐是一种升温人际关系的影响力，也是增进信赖的润滑剂。

## 3. “我的存在对对方有帮助”的印象

“顺我者昌”“与己无关，高高挂起”的人性与相应的创造被信赖。

倒不是说要对对方百依百顺获得对方的信赖（这样做，自己也瞧不起自己，别人心里也会瞧不起你）。多为对方创造些价值倒是可以，简单些说，就是多付出，多作贡献。平时多给对方帮帮忙，让自己的存在对别人是一种福利，关键时刻，别人认可你的付出，愿意相信你也是常理之中。

福利的体现：怀着真诚的心，带着喜悦的笑容，帮别人按下电梯，帮别人扶下门，帮别人倒下茶水，帮别人盛碗汤，帮别人提下包，帮别人开下车门，及时地向对方表达感谢和赞扬……

你的存在利他，你的存在对别人有帮助。别人跟你在一起，是否会享受到这些福利呢？当然这种为对方创造福利，提供小小的帮助绝对不能流于形式，敷衍了事。

成为别人的福利，做一个随时能给对方带来方便、带来价值、带来幸福感的人，你一定会被更多人信赖。

## 4．故事

“听信故事”的人性与相应的创造被信赖。

张瑞敏砸了空调，吸引了大群消费者对海尔电器质量的信任。每一个奢侈品牌背后几乎都有一个动人的故事，每一个名胜古迹都流传着古老的传说。

同时，在故事中清晰的时间、数字也很重要。“数字骗不了人”，数字举例有着铁证如山般的说服力，移动的广告语“六亿人的选择”就很有说服力。所以创造被信赖可以介绍自己过去所创造的数字。

要想对方信赖你，要尽可能避免说教，多讲讲故事吧，故事有着强大的暗示性。

## 5．口碑见证

“随大众心理”的人性与相应的创造被信赖。

见证，相信了自己的人的成果故事作见证。这种见证是自己的信任记录，是自己言行合一的标志，是自己“金杯银杯”都比不上的“口碑”。

千万别让自己的信任记录成了破窗。别人对待你的方式许多时候是你和你自己有意无意暗示了对方可以这样。

一个房子如果窗户破了，没有人去修补，隔不久，其他的窗户也会莫名其妙地被人打破；一面墙，如果出现一些涂鸦没有被清洗掉，很快地，墙上就布满了乱七八糟、不堪入目的东西；一个很干净的地方，人们不好意思丢垃圾，但是一旦地上有垃圾出现之后，人们就会毫不犹豫地丢，丝毫不觉羞愧。

人们会把垃圾扔垃圾桶里，所以不要让自己的口碑像垃圾桶一样又脏又臭。我们能做的是言行合一，不断创造诚信纪录，创造更好的口碑和持续的事实。

## 6．坚定的印象

“专一”的人性与相应的创造被信赖。

今天一个名堂，明天一个名堂的人，很难获得被信赖。“李宁”在创办后多次更改它的口号其实就影响了“李宁”的品牌，体育品牌，专卖店中衣服风格却偏休闲，让它的定位模糊，也失去了鲜明的体育精神，从而降低了其品牌的可信赖度。

## 7．你身边的人

“人以类聚，物以群分”的人性与相应的创造被信赖。

很多时候我们看一个人，会根据他身边的人来看待他。因为趣味相投的人常在一起。如果你身边都是信赖度高的人，人家自然也会认为你的可信赖度低不到哪里去。如果一个 LV 包在地摊上和其他包摆在一起，人们怎么也不会脑袋进水花 1 万多块去买。

## 8．包装

“眼见为实，把外在作为判断内在的重要依据”的人性与相应的创造被信赖。

包装？是不是很虚伪。当然不是，包装是产品的一部分。你会轻易在超市买一盒几乎没有任何包装的饼干吗？当然，过度的包装会给人虚伪的感觉。包装自己要把握好度，不可给人虚骄自负之感。自信的包装是让自己和他人都舒服；自负的包装是让自己舒服，让别人不舒服。

### 9．先信赖对方

“以其人之道还治其人之身”的人性与相应的创造被信赖。

如果我们自己对对方处处设防，不信任，想取得对方的信任是很难的。在与恐怖分子谈判中，谈判专家甚至不穿防弹衣，就是先表示自己的信任，为了增加对方对自己的信赖，自己先伸出手，对方才更可能把手伸过来。

打造个人品牌，创造被信赖的优势，当对方信赖你的时候，你们的交往往往能更快升温，有一个更好的关系状态。在人际关系如此重要的时代，这种被信赖的状态可以促成一个人社会价值和个人价值更好的实现。

获得对方的信赖，我们可以用技巧获得，能获得多久靠的是对自己持续不断的高标准严要求，靠的是拼用心的程度，“以心相交”方能“成其久远”。

建设和谐社会的前提是建设信任社会。真希望有一天这篇文章可以失去大部分的效用。当然，当下的你需要好好学习，这个“有一天”需要我们共同创造。

## 用心捕捉，生活到处是诗意

几千年前，孔子一句“不学诗，无以言”流传至今，意思是不学诗，就不会说话。现在如果单从字面去理解这句话，肯定觉得偏激。但转念想，一个人会说话的前提是他有一个富足的精神世界，不然再会说话也是花架子，不是真的会说。

所以，我是这样理解“不学诗，无以言”这句话的：不学会诗意的生活，我们的精神世界就容易贫乏，从而没有厚重的底气去表达自己的立场和观点。

生活中的诗意，用心就能捕捉到。这种诗意捕捉，不是说要虚无地幻想，矫情造作的写作，而是呼唤我们对精神世界的重视，对生命趣味的深挖，对人生哲学的思考。

我喜欢不拘泥于形式，只是用文字去表达对某种境况的感慨，用文字描述情感脉动、思考轨迹，或是用文字表达自己的志趣。在此分享拙作六首：

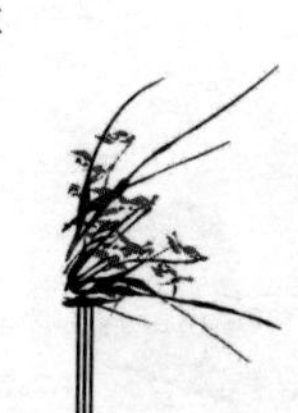

**雨中的樱花**

雨中的樱花很小心地绽放

轻轻地　我漫步园地

花开的声音带着舒爽与满足

往心中搪塞

幸福的眼泪

一如叶上

微颤的雨露

实在没有过多言语　无须也不愿

害怕一次不小心的声张

泄露了耳畔

花开时诉说的

细语声声

天机是那样的美与神秘

那些匆匆的路人

是否该放慢脚步

2010年3月24日

写于湖南科技大学樱花园

## 科大的梅

梅花

恣情地盛开

树枝

旁逸斜出

像根根天线

挥曳在狂风里

指向灰冷的天际

传达怎样的信号

答案在风里

吹散

泥土 追寻 永不疲惫

愿落定一地的

是怀念

是隽永的怀念

2011年2月16日

写于湖南科技大学梅花园

## 夜的尘埃？昼的期待？

不去想　不去猜　不问为什么

不去怨　不去怪　不说值不值

爱或不爱　心底潜埋

爱或不爱　无须表白

不是亲　不是疏

谁为谁的幸福埋单

回答　没有该或不该

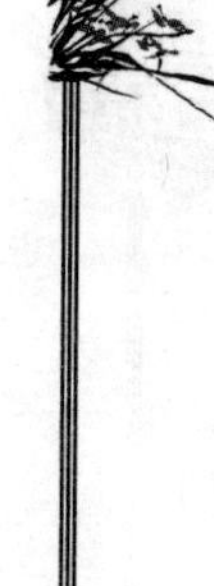

未来为谁而来

寂静一个挨一个摆

天空

万匹般红

满是夜的尘埃

还是昼的期待？

2011年6月13日晚

凌晨，天空层层红云叠嶂，联想自己的创业有感而写

## 写给一位叫“蓝冰”的网友

想静下来时

想看看你的文字

已静下来时

正看着你的文字

思想纵横在你的文字里

交叉出朴素青石

心灵就在那里

轻轻倚靠

文字的世界里

谁可不被谁骗

文学的世界里

谁又骗得了谁

虔诚在，我们为文

如神在，我们敬神

白沙在涅

抑或莲生麻中的抉择

淌成河谷

横亘心前

当所有人

都习惯我“嬉皮笑脸”时

我选择了沉静

在那片空间里

在那片有着冰蓝月光的空间里

月亮曾轻轻告诉我

守护着她的人

就不会迷失

你相信与否？

2010年4月17日

在蓝冰网友的QQ空间里，感受到宁静、平和的智慧有感而写

## 让母亲操心的小鬼

是的

我也爱黑暗

它让我看到乳白的月光

照着木屋

我热爱这个有静有动的夏夜

让我捧起《弟子规》

似乎沐浴智慧的光芒

也摸着道的肋骨

我爱这个自然的风和水

云和月

宁静如被　覆在夜空

不知是哪个角落

哪片顽皮的天空

勾画出思念

勾出人的心魂

淋漓出牵挂

什么被扯开

听到有婴儿在哭

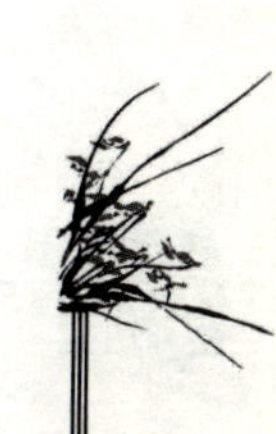

让母亲操心的小鬼

有没有踢开

盖在肚皮的爱

风呀你且轻一点拂

轻一点 再轻一点

别凉了孩子的小肚

累了颤动的慈母

2011 年 5 月 10 日

深夜读《弟子规》时，听到婴儿哭闹，有感而写，祈福天下母亲

**追忆**

把记忆梳理到温暖

把心情放沙发平躺

一转身

风吹起过往

2013 年 8 月 2 日

想刻意把一些往事淡化，记忆却此起彼伏

给自己留一片诗意的空间，你会发现，用心捕捉，生活到处都是诗意。诗意的生活，让灵魂从不掉队。

# 第七章　孝顺是一生的根，把根留住

大学生，是否是天之骄子由时代决定；大学生，是否是家人之骄傲，则由我们自身决定。成为家人的骄傲，不是一种形式，也不是一种虚荣，而是一种让家人放心，让家人幸福的梦想，一种对家人深沉的爱。百事孝为先，这个梦想，这份爱，第一起点就是要孝顺好父母。

## 一篇写在姐姐QQ空间的日志

岁月如梭，光阴似箭，一眨眼，小毛孩成了讲台上的演说者！想想这个特别的小伙子，就会有点内疚，有点心疼；但是，更多的是骄傲和欣慰！他——是我的好弟弟！回想弟弟的孩提时代，总会情不自禁地感慨，这真是个淘气顽皮、聪明伶俐的懂事的好孩子！弟弟是个特别的孩子，他的降临是个意外，因为他是那时候妈妈做结扎手术后的一大奇迹！

印象中最深刻的是，幼年的弟弟总爱流着口水结结巴巴地对问他年龄的人认真地回答："偶……偶……偶答都啦。"（谐音：我……我……我三岁啦！）带着这样的结巴和口水，差不多到三年级呢！所以说，演说者并不是天生的！由于家境贫寒，人多地少，弟弟好动，但似乎很小就懂得了照顾家人，不给家里人添麻烦和担心。弟弟5岁那年，一次，好动的他独自在家，摆弄正在充电中的探照灯，不小心触电，右手的大拇指皮肤被烧坏（现在都还有疤痕），幸好后来插头脱落，幸免大事。后来爸妈回家看到，很是心痛，问怎么回事，弟弟怕爸爸妈妈担心，当时就说不小心摔了一跤，擦点药就没事。

弟弟7岁那年，我们兄妹仨就成了村里唯一的父母都外出而又没有爷爷奶奶的留守儿童！那时候，弟弟总爱问我："姐姐，爸爸妈妈去哪里了？怎么不带我呢？"常常看见他到屋顶朝着父母外出的方向遥望着……

懂事的他很是独立，我比弟弟高三个年级，我三年级时弟弟上幼儿班，早上和我一起上学，很多时候弟弟还要协助老师批改作业和试卷，回家后第一件事便是把老师布置的家庭作业认真写好！然后煮好饭等着我们回来！那时候，农村里面都是烧柴火，我们兄妹三个轮流上山拾柴火！有一天傍晚，弟弟迟迟没有回来，我们找到半路，才见他背着满满的一篓子干柴步履蹒跚地往回家的路赶。当时，我还以为他贪玩而狠狠责备了几句。第二天，隔壁的小男孩才偷偷地跟我说，弟弟是因为攀上树枝去折断枯枝，而一不小心从 3 米多高的大杉树上掉下来晕了好久才醒过来，事后还恳求他不要告诉哥哥姐姐以免他们为自己操心！天哪，好险啊！那一刻，我的心都碎了！把弟弟紧紧地抱在怀里眼泪止不住地往下流……至今，我心存内疚！

弟弟的成绩非常好，虽说偶尔也淘气顽皮闯点小祸，但却一直名列前茅，班长和优秀班干部，三好学生这些奖状他硬是一个也没有落下。弟弟很喜欢书法，估计是受哥哥学良，堂兄学端的影响，他们的字都写得很好。弟弟还蛮讲卫生呢，爱穿白色衣服。别看白天放学时敞着衣服露着肚皮，晚上呢，就洗完澡把衣服用刷子使劲的刷白为止！他很爱乐于助人，邻家老婆婆带着个几岁的孙子在家，弟弟经常帮她送柴火并细心照顾小弟弟，从小的善良懂事为他如今的为人处世打下了良好的基础！

我上初三时，上的是寄宿学校，为了省钱，吃学校的饭，家里送菜。那时哥哥正念高中，所以弟弟从六年级开始就完全是一个人在家了。没人管教他，他自己管教自己。懂事的他每天早上调好闹钟五点半就起床为我做好菜，送到比我低一届的一个学妹手里（学妹不寄宿，每天上学路过我家）。当别人给他什么好吃的东西时，他总是第一个想到我！就算是再少的一份，也会分一半给我带来！很多时候还要写个小小的纸条放里面，鼓励我，关心我。记得冬天时，一次邻居给了他一个糍粑，他油炸好后（他最喜欢这样吃），咬了一小口，放好糖用保温杯装好托学妹带过来。我拿到这个咬了一小口的糍粑时，我也咬了一口，尽管糍粑已经冰冷变硬，但暖流却直入心田，我感动得泪流满面！同学们都说我弟弟人小但是很讲情义。这个咬了两小口的糍粑仿佛现在就在眼前，温暖心田。

记得爸爸说过，那时候弟弟 11 岁，正是长身体的时候，如果不是那时候为了帮我操劳而耽误最佳睡眠期,说不定有175cm呢！说来真是心疼！初中毕业后，爸爸由于辛劳过度而病倒了！我考上了省重高，但我选择了放弃继续读，开始外出打工。每逢寒暑假，弟弟都会过来和我一起小聚，谈学习，谈理想！我记得曾经对弟弟说过一句这样的话：“我的希望就寄托在你的身上！”从他的通知书和荣誉证书来看,弟弟一直很努力、很优秀，我很开心！毕竟在这样的环境中，独立生活并且品学兼优已属难得，当时在我们那儿学习氛围不是太浓厚，似乎都流行读完初高中就打工！弟弟在我眼里就是个奇迹！弟弟一直坚持着自己的信仰，一步一步脚踏实地的朝着自己的理想前进着……

2009年7月，慈父病逝，家里债台高筑，生活更加拮据，弟弟那一年考上湖南科技大学。当时哥哥也是初入社会，家庭的微薄收入难以支持弟弟的大学费用，弟弟毅然选择坚持求学，自力更生，弟弟很刻苦，多份兼职，勤工俭学，当别人或许还在沉迷网络或是花前柳下时，他却在努力学习或是兼职，发传单，刷盘子，摆地摊，家教，创业……大学至今，他没有向我和家里要过一分钱，他就像一个大男人一样扛起了责任和梦想，坚毅前行。

弟弟一直在勤奋努力地学习着！工夫不负有心人！通过不断地学习和磨炼，大学短短几年，在既要保证学业、生活费、创业基础上，求知若渴的他足迹仍旧踏过北京、沈阳、上海、苏州、南昌、深圳、桂林等地，在不断地完善自我中，终于在大三时，弟弟往自己的人生理想之路迈进了一大步，成立了属于自己的公司——“湘潭晶口才教育咨询有限公司”！被学校评为大学生“创业之星”，市晚报整版报道，带领着创业团队巡回演讲逾百场，现又开始筹备自己人生中的第一本书籍……

弟弟很普通，但是他用自己的勤奋努力使自己并不一般！试想在当前的社会，一个没有家庭背景、没有社会地位，更没有好的经济条件的贫苦农民之家走出来的孩子，也颇不容易。他成长背后是付出了超越常人多少倍努力啊？好弟弟，我为你感到骄傲和欣慰！祝你在追梦之路上越走越好！

一直以来，疼爱和佩服弟弟。弟弟的人生路还很长，还有很多的精彩、感动，顺境或逆境，相信弟弟已学会怎样去面对。今日谨以此文，表达对他的无限爱和支持！好弟弟加油！加油！！加油！！！

有这样一个弟弟真好。

2012.10.07

我姐姐陈立华，善良努力，朴素率真。姐姐的这篇文章大致回顾了我过去的路。日志中，折射出家庭的这份温暖和感动带给我持续的动力。感恩一路来给我爱的强大后盾的家人。如果依旧要用事业比作是男人的命，那我想说，家庭是男人的第一事业！

借用我姐一句话：有这样的家人真好。

## 你从父母那里得到最多的是什么

父母给予我最多的有：一是父母的爱；二是父母的品行；三是父母对我的信任。

7 岁前，是我和父母每年相处在一起时间最多的日子；7 岁后到我 19 岁，父母都外出务工，每年在一起的时光一般就是春节。

我们家在一个有些偏僻的村落，村名叫宝台村。宝台村并不富裕，但村民勤劳朴实，近年来村子在党的政策和干部村民一起努力下发展渐好。我 1989 年出生，当时出生的大致背景是：家中是两间土砖房加一小间厨房或叫柴房。我出生时哥哥 6 岁，姐姐 3 岁，我是家里的老三。姐姐出生时，本来就一穷二白的家当时还被罚了一栏猪、几个家具和一些钱。

我的出生是个奇迹。母亲已经在生完姐姐后做了结扎手术，从科学角度来说，这叫绝育手术。感谢绝处逢生，感谢父母又给了我生命。我常调侃，或许是送子观音菩萨觉得一定要送我造福人间吧。在还没有长大成才，造福人间时，我的降临，于这个挤在土砖屋里的家庭来说亦喜亦忧。

房虽穷陋，有爱则温馨；房虽穷陋，勤俭则趋富。一直到现在的记忆，不管家人是否聚在一起，家都是充满着爱，家庭都是积极向上地在走。

穷人孩子早当家，穷人孩子或许也早记事。我现在都还记得母亲摇着摇篮唱《十五的月亮》《春天的故事》（后来上学音乐委员教《春天的故事》，我是学得最快的，这也是我高级音乐才华在目前人生历程中的稀有展现）；还记得母亲喂我吃饭时把萝卜条咬成一小节一小节；记得自己带着的那常湿漉漉的口水褂；记得母亲送我去幼儿班时，在老师的办公室里，我看到的那本蓝色封面的里面有肌肉图、经络图的《自然》教科书，母亲在经老师同意后，把这本有些旧，却让我小眼睛发光的书送给了我……

父母很勤劳、很有担当，在我一直到现在的记忆里，父母从没睡过哪怕一个懒觉，一直是起早贪黑，忆事里，在能走路时，我和哥哥姐姐也是跟着起早贪黑，大清早去拔秧苗，或者是割稻子，父母说早起不热。父母不仅耕种自己的田地，还承包收割别人的田地，经常还要去做一些临时工。我们兄妹仨也跟着去割稻子，送稻苗，在打谷机后撅起屁股推打谷机。一次拇指被镰刀割了下，父亲给了我一个红色塑料袋套在手上，用稻草扎了下，然后我们继续干活。我的父母不是狼爸狼妈，我感谢他们爱我且不把我当成柔柔弱弱的小屁孩看。有 3 张小嘴，3 个小书包等着他们。在当时的条件下，养活我们就已很不容易，而父母的目标是要把我们养大成才。

父母对教育相当的重视。父母的学历都不高，但父母的境界却很高。上学时，我家不一定是班上最穷的，但一定是最穷的之一。当时有这样一

个不成文的规定，先交学费再读书，没交学费的学生要被安排回家向父母讨学费，有些家境还不错的学生也会因父母的耽搁安排回家讨要学费。可能有人会想那我和哥哥姐姐一定是“被安排”的专业户，恰恰相反，我和哥哥姐姐从来没有被安排过哪怕一次回家讨学费。父母尽管辛勤劳作，起早贪黑，但毕竟靠这些苦力换来的收入是不够的，每次开学9月前，父母都会东奔西跑，放下面子去筹借不足的学费。每次开学前一天晚上，父母都会把我和哥哥姐姐叫到一块，像变魔术一样拿出用橡皮线扎好的三沓钱，各种面值都有，没有太多其他言语，眼神里有着连日奔波的疲累，也有着一份坚定和希冀。然后要我们把钱放书包的内袋里，拉上拉链，告诉我们一直到见到收学费的老师再去打开。到目前，父母从来没有送过我去交学费，我感谢父母的这份信任，让我从小就渐渐明白自立的含义。我和哥哥姐姐也相互砥砺，那时学校的相应年级第一名基本我和哥哥姐姐都承包了。一时也在村里传为佳话，善良的村民也会给予父母鼓励，父母总会谦虚地说：人生还有很多路要走，过“石板路”（当地意思是过人生关键步骤）时，还要靠他们自己有真功夫，继续争气。父母从未主动问过我们成绩，我考上县一中和大学都是自己主动向父母汇报。父母对我的这份信任，让我更觉得要好好珍惜，持续精进。

父母勤俭节约，在我们兄妹仨身上该花的钱从不含糊，这种理财观也深深地影响了我。比如用电方面，家里的电路都是父亲设计的。厨房的灯光总是昏暗的，是个5瓦的灯泡，父亲说能看见就行。餐桌也是我们兄妹仨的书桌，为了保护我们的视力，父母格外用心。餐桌上有两个瓦数一大一小的灯泡，平时晚上吃饭就用一个小瓦数的灯泡，当我们兄妹一起做作业时，两个灯泡都打开，因为这样我们仨趴在一个桌子写字就不易有重影。大瓦数灯泡上的电线还系了一根小绳子，这个设计是小绳子绕过书桌上方的一根横梁，绳子往下拉，灯泡高度就升高，绳子往上放，灯泡高度就会降低，这样可以调整整个室内的光线，因为小学有些设计作业得在地上完成。这个用电设计我们村里的许多长辈都知道。

父亲后来外出务工，一般都是两个大蛇皮袋，一袋春夏秋冬的衣服，一袋棉被，然后再提一个铁桶，里面装着生活用品和路上食粮。父母一生都很节省，家里现在的房子砖头都是父母自己烧制的，时刻都替儿女分担。记得几乎每年都有不同的预防针、疫苗之类要打。每次老师告诉我们要打预防针，父母都会二话不说把钱给到我们，我们兄妹从没有漏过一针有必要有意义的疫苗。

节俭的父母对儿女不吝啬，对自己却从不大方。2009 年，父亲在病重的时候，我回家看望父亲，看到家里堂屋有一具油漆未干的寿材，我当时很震惊，后来从邻居口中得知，父亲深知病重，就自己亲自包车去镇上买了一具寿材，为了省钱，自己买上黑红油漆，自己把寿材里面漆成红色，外面漆成黑色。邻居告诉我父亲在涂漆的过程中数次落泪，父亲深深地舍不得儿女，但他却把情把痛都藏在了心底……慈父别世后，在慈父的衣物里我们发现了整理得很好的一万余元，父亲勤俭节约了一辈子，时刻都在牵挂儿女的成长，把爱全给了儿女，却对自己如此刻薄。

父母很正直，总是走在正道上。当时因为经济原因，也有少量村民会在晚上时直接从户外挂线不经电表用电，但再拮据父亲也从来没有这样做过；父母经常告诉我和哥哥姐姐：不是自己的，碰都不要碰。每逢瓜果飘香的季节，父母都要再三叮嘱我们，经过别人的果园，头都不要偏，经得起诱惑，不是自己的，碰都不要碰。因为不贪小便宜，所以父母很少受诱惑带来的骗，父母却因自己的淳朴善良被骗过。农民工父亲被拖欠过工资；还经历过自己的老板包工头跑路；有时工作了一年，只领到了几百元工资，可是父亲没有过多的抱怨，总会说，尽管少，至少领到了些工资也好。父亲也会吸取教训，再找工作时，父亲会谨慎地问老板靠不靠谱，钱稳不稳，

少些都没事。父亲性格刚强，但内心却很慈善，遇到亲戚朋友有困难也愿意多少伸出援手，遇到来讨钱的，并不呵斥，多少从米缸里舀出一桶大米给人家。

父亲很喜欢看书。劳作时父亲是个猛男，静下来时却是个儒士。父亲总是忙中抽闲看书，涉猎广泛，博闻强识。尤其是在天文地理、政治军事等方面颇有观点。天气不利于外出工作时，父亲喜欢穿一件蓝色的中山装在家里，有一种孙中山的感觉。因为受父亲的影响，我和哥哥姐姐都自小喜欢看书，这个习惯坚持到了现在，也会持续到未来。

三年级起母亲开始外出做保姆，每年春节回家。母亲善良真诚朴实，勤劳细心能干。忙里忙外，从不偷懒，对于雇主家里的贵重物品，目不斜视。为支撑家庭生计，年复一年，一当保姆就是近 20 年，直到我大二。母亲每次打电话给我都离不开几个话题，吃饱、盖好被子、要感谢帮助自己的人。我的名字“陈送军”是母亲给我取的，还给了我一个小名“送宝”，她说我是老天送给她的宝贝，希望我像军人一样正直。母亲永远是那样的淳朴。

母亲，您当了十来年的保姆，曾有十多年的时光，您想在我身边，却只能看着别人的孩子，想起自己的孩子，默默掉眼泪；母亲，您曾坚韧不拔地替家庭分忧解难，吃苦耐劳，您是坚强的女性，扛起建设家庭的重担；母亲，因为您的爱与付出，才有了儿子我今天的长大成才；因为您，我的母亲，我骄傲的奋斗着！母亲，是时候让我当您的保姆了，让我可以牵着您的手看祖国大好山河，看世界无限风光；让我可以教您用微信，看 5D 电影，体验科技带来的便捷与乐趣；让我可以照着您的心意，创造属于您的美好时光；让我可以宠着您，让您幸福的不像话。

感谢我的父母给我的爱，感谢我的父母给我品行的熏陶，感谢父母对我深深的信任。承载这份爱、这份品行、这份信任，我会走得更稳更好，我会把这一切化作文字、化作语言、化作行动，影响更多人。

# 怀念我的父亲

## 1．父亲，给我上了一堂影响我毕生的课

高考那年2009年2月13日晚，风刮得很大，平时对电话费也很省，一向习惯做事，不善言谈的父亲特地打电话过来，问我有没有厚的衣服在学校，要不要送衣服过来，要记得添衣服……我亲爱的父亲啊，当时我眼泪忍不住地流，尽管我确实没厚衣服，但我可以借啊，还让您带着病过来送衣服吗，我那样做，三生有愧。父亲，您心底深深的、博大的爱让我永生有幸啊！原谅我以前还做得远远不够！总觉得来日方长。

父亲是个勤俭节约的人，因为治病需要用到荞麦，高考后我便和父亲打理了一亩多地的荞麦，浇水、施肥、收割、除杂、磨粉……我在学校里面待得太久了，我没有在泥土里摸爬太久了。父亲硬是拖着重病要求跟我一起挑水、施肥、收割，那些点滴且不详述。父亲与病魔斗争的日子，我陪着父亲一起走过。习惯了在饭上蒸一碗荞麦糊，习惯了把中药熬了三次后换药，习惯了当邻居说“……病是不治之症，治不好，谁谁谁就是因为得了……病几个月就去世了”，心里暗暗地说“呸，乌鸦嘴”，即使心存芥蒂，有些恐惧，怕一语成谶，但还是告诉自己，“我父亲人品那么好，广受爱戴和好评，好人有好报”，即使到了最后时刻，我依旧无法说服自己，这是不易的事实！

父亲在生命最后的时光依然辛勤劳动，告诉我勤快的重要，父亲用它的坚强的意志面对病魔。即使到目前，也没有任何一堂课的价值会超越高考后的暑假父亲所教给我的。这个艰辛的过程，父亲用行动书写的智慧刻入我的灵魂，在生命历程中，我会更加铭记什么叫坚持，什么叫大写生命！

人们常说，有其父必有其子。不管这句话是否科学，但至少从爱的角度，为人子女的我们更需要走正我们的每一步，做一个堂堂正正的人！用行动荣耀我们的亲人！

## 2．思念我的父亲

“往而不可追者，年也。去而不可见者，亲也。”

——孔子

农历七月二十八，是父亲生日。2009 年 9 月 16 日，这一天是父亲第 54 个生日，我却只能往天堂的方向投去思念。当时我特别的思念那慈祥的已沉睡在故土快两个月的父亲。

“沉思往事立残阳，当时只道是寻常”，我的父亲，我再没机会为您用开水冲个鸡蛋，为您泡杯茶；再也听不到您讲萨达姆的千万该与不该；一心想送我上大学的父亲却等不及瞥一眼我的通知书，却等不及再叮嘱我一句您的信条：人，不能忘本！

农村的我们习惯把太多放在心里，最后许多话却来不及说出，这就是大爱无言吗？那一天夜晚，思念难耐，我写了一篇怀念父亲文：

### 怀念父亲

旧事填膺，思之凄梗，如影历历，魂牵梦萦，思念无常。此日慈父，当值阴寿，五十有四。谨撰此文以陈哀悼、思恋之情。

惜乎吾父，六月初二，多病突发，急诊无效，仙逝归途。滂沱热泪，匆湿父裳，仙人两世，幽冥永绝，欲见无缘。

慈乎吾父，命苦维艰。抚儿育女，肠牵肚挂，不遗余力，情重九天。不孝送军，犹忆考后，按捺归心，拣拾书被。时忧物繁，父身影现，多话不说，肩挑手提，解吾之困。父言素少，不善客套。亲体力行，重负肩当。

节衣缩食，为子奔波。操劳之事，星河难喻。

俭乎吾父，居家之方。人离弱灯熄，远门自备茶。路遇废铁丝，不吝拾还家。烟酒牌槟榔，样样不沾边。为儿十九年，不见父买衣。为儿十九年，未见父下馆。待儿与待己，截然天地别。生养在农村，钱财分角艰，信任子女格，故求必有应。各类预防针，必给子女打。学费提前备，从不难堪郎。

恒乎吾父，永生我心。为人率直，处世厚道，从不相诓。涉猎群书，博闻强识。严肃其外，善慈其中。厚己薄人，乐于贡献。浩瀚之恩，难书其详。乡里乡外，谁人不晓。我父德芳，百世相流，千代不忘！

汝冢旁侧，同村新平。风雨晨昏，相助彼此。羁魂有伴，望不孤寂。为郎不孝，深恩未报。为儿十九年，未为父洗脚。为儿十九年，曾替父盖裳？隐憾实难消，肝肠寸寸断，羞愧为孝子！泪已湿心寒，爱愧出儿口。吾父吾父，听儿辞句，为儿敬呈：

弃我于丰收之时兮，驾鹤远方。片语不留未瞑兮，苦泪盈眶；

弃我于丰收之时兮，忆汝生前。思妻念子在外兮，挂肚牵肠；

弃我于丰收之时兮，痛疚儿郎。父亲父亲父亲兮，来我梦乡！

天堂吾父，可听儿哭？可听儿诉？天堂吾父，可谅儿郎？可感儿情？可受我爱？

不孝送军，定当自强！吾父吾父，请您放心，请您含笑，天堂之上，每日幸福！

己丑年七月二十八

对父亲，有太多的话想说。

父亲，我要感谢您教给我的诚实品质。我还记得，父亲您出资出力地修好通向我们房子和邻居房子前的一条路。当路修好，邻居提出出一半钱也占那条路时——在邻居毫不知情您出了多少钱的情况下，您如实说出您支出的钱——一毛钱也没多说。从此，我的人生准则里便多了一条：绝不以撒谎给自己牟取私利，只拿属于自己的。

在这里，我要感谢父亲您教我做人。父亲，您短暂的一生，大半都是辛劳的日子，您不怕苦，您是个勤劳致富的好人。您踏实的做人，本分的做人，让所有邻里敬仰着您的为人处世。让所有与您共事过的人都记住了您，都乐于与您为伍。您对我的“言传”我记得最深的那句就是“人不能忘本”。您对我的有意或无意的“身教”，我记忆犹新：

当需要黑芝麻榨出的油时，因为当地黑芝麻很难买到，并且很贵，父亲您选择了自己种，对于病已很久的您，这是件旁人眼里不可理喻的事。其实我知道理由还有个最重要的其三——用劳动教给我勤劳的教育，用劳动提醒我别忘了自己来自农村。刚刚参加完高考的我休息了没多久，就和父亲到了田地。长久没劳作的我腰酸背痛，叫苦的时候父亲对我说的就是，知道费力不赚钱，赚钱不费力，就要多读书，有更好的工作——这是农村人都向往儿女能达到的境界。让我学会用学到的东西去利己利人。

父亲您常和我讨论政事，常批判萨达姆的野心太大招祸。父亲，您虽没有受过很多正规教育，但您阅报阅书无数，您有着很宽的知识面，有着自己的见解，尽管不一定正确，但都是出自您内心的想法，这比起那些抄袭别人的著作成名的作家来，父亲您崇高得多。您教会了我眼光要放得高一些、远一些、宽一些。

父亲您对我的教育，我就写上三天三夜也写不完，我这一生，您教给我的取之不尽用之不竭，赛过许多什么二代拥有的一切。我深深地感谢您，我的父亲。您的那句“人不能忘本”就是我一生的座右铭！

父亲深深地影响着我的一生，我为有这样的父亲骄傲，我也会努力不止，奋斗不息，做最好的自己，以告慰父亲在天之灵，成为父亲的骄傲，成为所有家人的骄傲！

## 孝顺是 1，其他都是后面的 0

有人说健康是 1，其他都是后面的 0。我想说孝顺是 1，其他都是后面的 0，因为一个健康的不孝之子只会伤害更多人的心；作为一个孝顺的大学生懂得，身体发肤受之父母，不敢毁伤，保持自己身体的健康是孝顺的分内之事。

千万别想着以后对父母好，要想着时刻对父母好。更不要说等有能力了对父母好，孝顺是本性，与能力无关。毛泽东同志对此有一句话：有生一日，皆报恩时；有生一日，皆伴亲时。孝顺父母是德之本，是我们做人的根与本。如果连根和本都能耽搁延误，又何来人生之树的枝繁叶茂。

前人用四句话浓缩了孝顺的方向：小孝孝其身，中孝孝其心，大孝孝其志，至孝孝其慧。这四种孝不是相互孤立的，而是有层次之分。

孝养其身是在生活上赡养父母；孝养其心是知道父母心里想的是什么，从精神上关心给予满足；孝养其志是父母有远大志向，自己没能满愿，子女应该承担过来实现他们的愿望；孝养其慧是帮助父母树立正确的人生观，既能让父母欢心，又能纠正他们的错误观念。

### 1. 小孝孝父母之身

孝父母之身是一件非常讲究细节的事情。就像当年父母把我们抚养成人一样的细致细心。有一个说法是人生长成一个圈的，人到中年后身体慢慢变老，照顾自己身体的能力慢慢地像个小孩。歌德说，我们体贴老人，要像对待孩子一样。父母现在还不是老人，我们现在就要开始学会比细致还细致地去照顾好父母大人。

让问候和关怀常伴父母。古有“出必告，返必面”，出门，返回要向父母打招呼。大学生一般都没有跟父母生活在一起，仅是每次回家的出必告，返必面肯定是远远不够的。每天我们都有相应的学习生活安排，不说每天要跟父母联系，但让父母感觉到儿女的问候常在耳边是很重要的。因为父母有时不知道什么时候联系我们好，怕打扰我们学习工作，父母一般比我们有更多的时间去思念亲人，他们不像我们身边有数万的同龄人，繁忙的学习生活工作会给我们带来充实感，父母越来越牵挂儿女，他们许多时候会因为儿女不在身边而感到孤独寂寞。

尽可能地常回家看看，常回家看看绝不浪费你时间。因为你还有很多时间去工作，去学习，但每年陪父母的日子真的很多吗？我们一天天长大了，父母却在悄然的老去，“赶紧孝来时间快，亲由我孝寿由天”，你是在珍惜你的时间。实在很难做到，也让自己的问候替我们常陪伴父母。父母打电话来时，可以回拨回去，替父母省些话费。可以悄悄地给父母充些话费，让父母发现手机话费很“耐用”。问候父母的电话千万不要十个电话有九个要钱，父母会以为你是要钱，顺便问候。把问候和要钱的电话分开吧，问候就是问候。有些人说自己和父母有时不知道该说什么，其实有时父母真的不是很在乎你在和他们聊什么，他们就想听听儿女的声音。

就像父母看两个城市的天气预报关心自己，我们也要学会看两个城市的天气预报，关注父母所在地的天气，及时地送去问候。

要比父母还要关心父母的身体健康。父母常常把心思都放在儿女身上，关注自己的少。我们要经常问问父母的起居生活，回家时要看看父母的气色，细问父母的饭量、睡眠质量等，还可以陪父母做体检，如果有不放心之处，一定要及时弄明白，防微杜渐。一台电脑用久了，会产生垃圾文件，会有些局部软件损伤；一辆汽车开久了也要定期保养，何况是血肉之躯的人呢？夏天看看父母起居之处的防蚊防暑情况；天气冷了，到父母身边看看父母的衣服是否温暖，棉被是否足够，现在一些带绒的保暖内衣、棉袜不厚，穿在身上又舒服又保暖，可以替父母买下一些。浴足对防风湿、活血都很有帮助，可以确保家里有个好的浴足盆，并教会父母使用。

我们要自学一些中老年人养生方面的知识，这样才能更好地明白怎样去关心父母的身体。我们可以一边给父母敲敲背、捏捏肩、洗洗脚、按按摩，一边跟父母普及下中老年养生方面的知识，听听父母的心里话是什么，想想这是多么美好的画面呀（千万别把这当作业，用心和父母去相处，让每一个小动作里都融入自己的大孝心）。你可能会说，父母会不要我给他按摩，你放心，一般来说，父母只是因为刚开始不习惯，你的坚持会让父母收到真心和幸福的。当有一天我们的父母老得行动不便了，我们还可以给父母洗澡搓背呢。而且心理学研究证明，人际关系中，适当的肢体接触可以增进彼此的感情，帮父母按摩敲背等也能让自己和父母亲上加亲。

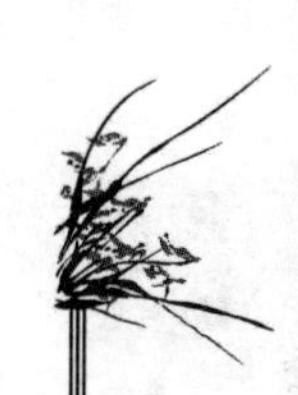

## 2. 中孝孝父母之心

孝父母之心，顺父母之心，安父母之心。孝顺，对父母顺是孝的体现；孝敬，对父母敬是孝的体现；孝心，孝顺父母要用心，中孝孝其心，孝其心更是以心相孝。

如何做到孝顺父母之心？价值观冲突引起的矛盾，如何孝、如何顺？

一次旅游时，收到一位听众 A 君发来的微信，大致内容是：A 君父母坚决要其参军，还有关系之力可借，A 君本人心有其他规划，不愿走父母规划之路，望自己奋斗成才，故生矛盾。

相信类似的矛盾产生在父母与即将步入社会的大学生之间的现象并不罕见。当这种类似矛盾出现时，我的解决思路和观点在我当时的回复微信中能有所体现：

期最佳解决此事，有以下十点浅见，望能生效。

（1）A 君为此事冥思苦想，一是为不伤父母，二是为美好前途。美好前途亦可为家争光，两点可慰父母，可见其大孝；A君为此事虚心请教，而非蛮力，可见其智慧；尚有关系可借，不易其志，可见其胸怀大志。吾亦为有此般朋友，深表欣慰。

（2）父母的建议，父母的坚决，恰是爱的建议，爱的坚决，望子成龙，发心至善，何过之有？有如此坚决关心自己前程之父母，三生幸之。若有对父母顶撞之处，猛然自省，立地忏悔。

（3）切勿急于否定父母的建议，先入为主，则听不进真言。万一父母之言让自己茅塞顿开，自己若能被父母说服，则说明自己开始的想法也站不住脚，岂非大幸。如若不能，也为自己的志向暗暗坚定了一把，增添动力。

（4）冷静克制，不要对抗，不要和父母比谁更坚决，以刚克刚，万不得已之策，即胜尤伤。以柔克刚是大智慧。倾听父母理由，尊重父母发心，求同存异。以真诚正思示之，以正言正行示之，是为柔。

（5）心法高于方法，一切尽在用心当中。小聪明慎用，情绪话不说；统一不了思想，可统一目标，美好前途即为殊途同归。多用心，找良时，找良人，找上策。

（6）你的话之所以说服不了父母：首先，事有不顺，要猛然自省，反求诸己，追本溯源，修正言行。你过去所有故事、所有言行所沉淀下来的影响力还不够。反思过去，谋划未来，当下行动。其次，影响父母、说服父母的方式待优化。最后，父母四五十年性格习惯观念累积，有是有非，但都难改，人非圣贤，是可理解。望子成龙，本没有错，而自己二十岁约，观念思想，亦不成熟，父母质疑，亦可理解。

（7）用人之智者为上君，学会借力。找亲戚中有一定经历和威望的，最好是你爸妈也佩服崇敬的人。向该人诚挚诉说缘由，取得其理解、信任、支持。最好向父母禀明诚意后，请亲戚来家做客详谈。即使一样的话不一样的人说，不一样的方式说，效果大不一样！

（8）我有一友，曾参军四年，对相应事理，了解甚深。就A君你相应情况，我已与他商量，征得其同意，你或家人可与他联系，虚心求教，联系方式稍后发你手机。

（9）鞋再豪华，若不合脚，穿之无益，还是让适合的人去穿。削足适履，或留后患。人各有志，术业有专攻，条条大道通罗马之理，辅之以老师、书本或视频，可向父母禀告。

（10）实在难如意，求折中之策，父母面前，谦退恭让，抚其心智，顺其性格，也切记勿让父母怄气积怒，侍奉父母，当一丝不苟，尽心尽力，精诚所至，金石为开，况父母之。

谨以此十点供参谋。

有一个故事很好地阐述了父母一些观点根深蒂固的原因。

一天，一位睿智的教师与他年轻的学生一起在树林里散步。教师突然停了下来，并仔细看着身边的四株植物。第一株植物是一棵刚刚冒出土的幼苗；第二株植物已经算得上是挺拔的小树苗了，它的根牢牢地盘踞到了肥沃的土壤中；第三株植物已然枝叶茂盛，差不多与年轻学生一样高大了；第四株植物是一棵巨大的橡树，年轻学生几乎看不到它的树冠。

老师指着第一株植物对他的年轻学生说："把它拔起来。"年轻学生用手指轻松地拔出了幼苗。"现在，拔出第二株植物。"年轻学生听从老师的吩咐，略加力量，便将树苗连根拔起。"好了，现在拔出第三株植物。"年轻学生先用一只手进行了尝试，然后改用双手全力以赴。最后，树木终于倒在了筋疲力尽的年轻学生的脚下。"好的，"老师接着说道，"去试一试那棵橡树吧。"年轻学生抬头看了看眼前巨大的橡树，想了想自己刚才拔那棵小得多的树木时已然筋疲力尽，所以他拒绝了老师的提议，甚至没有去做任何尝试。

父母教育我们时，我们是一张白纸，许多新的观念很容易植根脑海；现在我们孝顺父母之智亦是需要智慧，父母比我们长20余岁，父母的观念比我们久扎根20余年，父母是一棵老树，我们要剔除一些陈腐的观念却不是一件易事，所以需要水滴石穿的坚持，需要集思广益的智慧，需要循循善诱的耐心。譬如，求同存异，不要渴望父母一下答应自己的全部，可以尝试让父母先答应部分；譬如赶紧做出好的结果让父母看到和放心；譬如，定期向父母问候，汇报平安，让父母知道儿女已经成熟长大。

理解和尊重父母的观点但不一定要用行动支持，不用行动支持父母的错误观点，是因为我们不仅要给父母今天，也要做更好的自己给予父母明天。当然，在“慌行”的过程中，也要让父母收到你对父母观点的理解和尊重，感觉胜似你已经用行动在支持！父母的观点以及父母怎么对待我们与我们践行心中的孝顺没有直接关系。

孝父母之心，要让这份孝心让父母收的到。别让孝心尘封，莫让孝心迟到。孝父母之心意味着有时还要用点心思，投父母所好，当然，这种心思建立在真心的基础上。这份心思或许有“造作”之嫌，但这种“造作”是能让父母收到自己孝顺的方式、途径。

研究父母的笑点、感动点，让父母收到。如果给自己对父母的孝顺满意度打个分，满分是100分，你给自己打多少呢？其实我们的孝顺是父母说了算的，我们是否让父母感觉到心里踏实，真真切切地觉得幸福了呢？因为父母到了这个年龄，没那么多心力去想这想那，而又容易想这想那。所以要学会把自己的父母宠坏。先父母之忧而忧，后父母之乐而乐。若有悲伤请把悲伤留给自己，把快乐向父母不断传播。因为除了父母还有其他人可以帮助我们解决悲伤的问题。大学里失恋后，我有一段时间的内心悲伤期，很想向母亲倾诉，但我忍住。过了两个月后，等自己在事业上取得了更好的成绩后，我准备好最棒的状态和情绪回到家里，在汇报喜讯的时候，“顺带”告诉了母亲我感情的事，并请求母亲的原谅。这样做，目的是让母亲不要为我太担心，让母亲在知道喜报的幸福中降低为我担心的指数。意大利作家亚米契斯有一句名言：一个人如果使自己的母亲伤心，无论他的地位多么显赫，无论他多么有名，他都是一个卑劣的人。全力以赴不要让自己父母伤心，因为他们曾经已经为我们操了很多心。

让父母畅想来畅想去都是好的想法、好的念头吧，谁有本事让自己的父母常生活在开心里，老天都不忍让他轻易悲伤。

### 3．大孝孝父母之志

孔子曾经对他的学生们说过，孝敬父母什么最难，是“色难”，对父母一直和颜悦色是最难的。有一个段子说的是人们之间志向上的比较：刚开始比的是谁成绩好；然后比谁帅、美；再然后比谁的工作好；再而比谁的车子房子好；再而比谁的伴侣好；最后比谁的子女好！

父母的志向潜藏的显露的或许有很多，但其中最大的一个志向恐怕就是子女在健康平安的基础上取得卓越的成就。在父母心里，望子成龙，望女成凤就是他们的大志之一。子女的成龙成凤，子女志向的实现胜过他们自己的志向的实现。

如果作为儿女自己不得志却盼望着父母得志，怎么可能呢？当子女都还不成气候时，父母会选择把自己的志向掩盖起来，不让子女发现。所以，我写了一句话：最大的孝顺就是成为父母的骄傲！这句话我无数次在演讲中提到，现在又写进我人生的第一本书中，希望这句话可以成为正在看这些文字的你的动力。你成为了父母的骄傲，父母才会给你帮助他们自己实现自己其他志向的机会。

大名鼎鼎的周杰伦也是个大孝子。一次周杰伦送给母亲的生日礼物就是他的第四张专辑《叶惠美》——以他母亲名字命名的专辑。他还专门创作了一首送给妈妈的歌——《听妈妈的话》。周杰伦可以说是台湾娱乐圈最赚钱的明星，但他不是拿钱去让母亲开心，而是在作品中表达自己对母亲的爱。据说周母叶惠美听到这首歌，忍不住潸然泪下。每次出门，周杰伦都要与妈妈来个大大的拥抱，周杰伦特别与妈妈的偶像费玉清一起合作……毫无疑问，叶女士是幸福的，周杰伦就是她的大骄傲。你是你父母的骄傲吗？你会是你父母的骄傲吗？加油！一个个地去实现自己的目标，让自己成为父母的骄傲，让父母生活在骄傲里，逢人就想说几句儿女好，则庆幸至哉。让父母收到，送你上大学是他们最智慧的人生决定，有你这样的子女是他们最骄傲、最幸福的事情。

成为父母的骄傲，千万不要看不起自己的父母。超越父母而不否定父母，孩子再优秀再卓越，始终都是父母的孩子，在父母面前，自己永远都是孩子。

孝父母之志，帮助父母实现他们心中想实现尚未实现的梦想，满足父母的志趣。就像我们现在有许多梦想一样，父母一路走过来也一定有许多的梦想，有些实现了，有些因为种种原因没有实现。周杰伦特别与妈妈的偶像费玉清一起合作，就是一种孝母亲之志的行为。父母的志向要从父母的语言中去捕捉，从父母的朋友中去打听，去真诚地问父母心中的梦想和愿望。然后全力以赴，以父母的目标为自己的重要的实现目标之一。

## 4．至孝孝父母之慧

在小孝、中孝、大孝都做得很好的基础上，当然可以往至孝的方向去努力。

孝顺父母，让父母更有智慧，一定是在保证父母自愿，身体精气神各方面都比较好的前提下。我有时会把一些能让母亲学到知识的碟片买回家给母亲看，教母亲会用了微信，教母亲用一些新电器……这些在孝父母之慧上还微不足道，自己在孝父母智慧上功夫下得还不够，所以在这里不多赘述。

## 5. 每一所大学都可以建立孝文化

教育系统在大学生的孝顺品德方面也可以有所为，甚至发挥重要的作用。

大学培养出一个不懂得孝顺的高才生就是向社会投了一颗定时炸弹。“丑恶的海怪也比不上忘恩的儿女那样可怕”，一个不懂孝顺的大学生学很多技能是危险的，大学四年的教育就是加速他走向毁灭的进程。就像一个心术不正的人习武，容易埋下惹祸的隐患。孝文化理应成为每一所大学的重要文化之一。

在小初高时，学校教育一般还有家校连通的活动和其他联系。其实大学教育亦不能缺乏家校适当的互动。其中就可以在孝文化上有所为。譬如，不只是给贫困生发助学金，每当重大节日，给贫困生的父母寄送礼物，或是老师进行下乡活动。当然领导老师下乡要选择恰当的形式，应是一种让贫困家庭感受到实际温暖的事情，而不要制造更大的困扰。教育系统相应单位也可以在城市、乡村组织举办一些面向大学生家长的讲座、文化文娱活动，家长难得来一趟学校，白天要务工务农，那教育系统就想家长之所想，主动地走进大学生家长。要知道大学生的家长或许曾经也有一个大学梦，大学对他们遥远又神圣，能因自己的子女走进大学，于大学生的家长而言也是一件幸事。教育系统这种替家长着想的举措对大学生又是一个好的孝文化的熏陶。

如果教育系统相应单位这样做了，那将是多大的温暖效应啊！温暖了孩子的家长，温暖了一个大学生的心，温暖了一个家，温暖了组成国家和社会的元素！

一个内心强大的人，内心的这份强大很重要的一份支撑就是来自对父母的孝顺，在孝顺好父母的过程中，无形中也没有了后顾之忧，轻装上阵，开疆辟土。

孝顺父母不是大学里的一门功课，一门作业，它是贯穿人一生的道德。

孝由心生，始于足下，行孝尽孝。

# 第八章　企业家说——23位董事长寄语大学生

他们或站在用人单位人才需求角度，对大学生成长的智慧进行思考；或站在父母的角度，抒发自己的殷切期盼。小到如何应对面试，如何迎接即将到来的职场生活，如何与父母相处；大到个人理想和中国梦。23篇文章背后是23个故事，是23份智慧的启迪，是23首爱的乐章。字里行间，我们发现天道酬勤，这些事业有成的企业家们的光辉来自无数个日日夜夜的奋斗；我们发现使命的含义，一个优秀的人肩上的社会责任……且听这些对祖国经济发展作出贡献，对大学生有着深切关爱的企业家们娓娓道来。

# 生命不息，挑战不止

上海明彤大国际贸易有限公司董事长　闫巍

诗云：“十年磨一剑。”回首我创立“明彤大”，正好十年。创业至今，虽然没有太大的挫折，但创业之初及创业之前的酸甜苦辣，人情冷暖，可谓滋味自知。

大学毕业那一年，是国家第一年实行双向选择，大学生可以自己找工作。我没有像其他人一样包分配，而是选择了自己找。一路向南，大连，烟台，威海，青岛，连云港，苏州，无锡，常州，杭州，宁波。花了三个月时间，带着家人的期盼，同学的鼓励，自己的焦虑，走过了一段充满艰辛的旅程。我热切渴望找到一份属于自己的工作。这段旅程并非没有意义，它有效地帮助我认清了自己的目标，同时坚定了自己会赢的信念。

第二年春，我放弃了这份月薪一千元的工作，选择了一份月薪仅有420元的工作。选择它，是因为它是我喜欢的并且是适合我的工作。从此我甘于此微薄的工资。这份工作我坚持了五年，从身无分文，成长为公司六个股东之一，饱含了坚持和不懈的努力。公司从认可我创造的价值，到认可我自身的价值，对我自己是极大的肯定。

这个时候，我的业绩由于语言遇到了瓶颈，我开始考虑如何提升自己。于是，我选择了去日本学习，希望攻克语言关，更好地为业务服务。在日本，一切都是从零做起，没有雄厚的资本，只能利用课余时间打工，赚取学费和生活费。之前的两家客户在得知我来日本后，主动联系到我，希望我在业务上帮助他们，与国内工厂协调。客户如此信任我，源于前五年的积累，我认真工作的态度和一丝不苟的服务得到了客户的认可。转眼又一个五年过去了，我取得了人生的第一桶金，同时也遇到了我的太太，一位美丽贤惠的传统日本女性。婚后我们一起离开日本，回到祖国。此时，我本来可以留在日本，甚至客户已经帮我办好了工作签证，希望我能留下来成为他们的正式员工。但我还有一腔热情，便毅然回国创业，成立了自己的公司。

创业十年，企业并没有太大的起伏，始终很平稳，也许跟我创业的目的不是为了做老板，而是为了帮助他人成长有关。先贡献，再成就。

总结二十年来做企业的经验，有三点需要跟现在的年轻人说。第一，要有良好的品格，这是被认可的首要因素。第二，要有正确的方向，否则付出再大的努力也只能是南辕北辙，而如何找到正确的方向，除了自身的努力，更多的是需要向周围的人和环境学习。第三，要脚踏实地，不可好高骛远，眼高手低，从最基础的事情，从做好自己开始。

接下来，我的人生价值更大程度上建立在帮助他人实现价值上。所以我下一个目标是，希望通过心灵净化，打造一个有共识而强大的团队，从而帮助更多的人实现价值，为社会创造更大的财富。



## 持续精进，凡事用心，一切皆有可能

江苏男绅服饰董事长　陈公能

我是一个小学没毕业，16岁就出来打工，在工地上一待就是十几年的人，在这个过程中还摆过地摊、经营过小商品。2000年，从最初的800元起家，在江苏昆山人民路租下了一家小店面，到如今男绅服饰有限公司已赢得了昆山乃至苏州众多大型公司成功人士的青睐，成为现代白领的服饰顾问！我始终相信：凡事没有不可能，只要敢想敢做，真正用心去做，一切皆有可能！

我们小时候都有很多很多的梦想，当我们慢慢长大，许多梦想也在渐渐破灭，当我们成人后，许多人甚至是没有梦想，原本的我也曾经历过这样一个过程，原来的我，在工地上打工，很不自信，摆地摊时只有一个梦想：向前冲！而今天的我心里有梦想，确定梦想后就有了动力，一定要规划好自己的人生！当我这几年有梦想确定目标以后，有时候虽然很辛苦，心却从不疲惫！

我持续的改进自己。比如从前不敢上台，后来我不断地上台历练和磨炼，现在我站在台上思路清晰。持续精进，你会发现凡事皆有可能！每天做最好的自己，每天进步一点点，你会发现：原来我也是一个天才！别人能做到，我也能做到！各位大学生，我相信你也一定可以做到！

世界对每个人都很公平，只要努力就有可能。万物都是有因有果的，是循环的。现在很多人，包括大学生，做事的时候想得很美好，但不敢去做，或者想得很天真，做事却不能脚踏实地，遇到困难就退缩，几年过去，一无所成！对大学生说一句：凡事一定要用心去做，用平常心去看待所有的事，用积极上进的心态去看待每个人、做好每件事！行业不分贵贱，任何行业都能成就人，只要用心，一切皆有可能！

一个人的成就与你交往的朋友的层次分不开！你和什么样的人在一起，你就会变成什么样的人！当你有了经历，你会结交更多优秀的朋友，从而你的人生也会随之发生改变！送军这个小伙很具魅力，也很谦和，非常执着，不卑不亢，总带着从容的微笑，能够和人很好地交流，他的一举一动为他累积了很多的朋友，这和他在大学里的成长和努力是分不开的，大学生们，和优秀、成功人士在一起，时间长了，相信你也是一个成功、不可估量的未来栋梁！

## 务实，努力，大学生加油

江苏华韵红木家具公司董事长　陈雷

我出生于安徽省利辛县，兄弟4人，我排行老大，记得小时候我学习成绩非常优秀，但因家庭负担重的原因，初中没毕业我就跟随二叔一起学习开车当起了驾驶员。

1992年我第一次离开家乡，和几位老乡一起踏上了去上海创业之路，那时候我记得去上海的客车很少，我坐在老乡的货车车厢里二十几个小时才到达上海，20年前的上海彭浦新村随处还能看到一些稻田，闻到一些稻花香，感觉棒极了。

我在位于場中路的幸福村租赁了一间民房，开始帮同乡开一辆比较旧的解放车，那时候工资低得很，每月只有几百元，就这样过了几个月我得到一个消息，我开的那辆老爷车准备卖掉，于是我回到老家借了15000元把它买了下来，开始了真正的创业之路！

那个时候上海真是个车少货多的年代，生意特别好做，每天都有好几百元的收入。随着时间的推移，我在两年后淘到了人生第一桶金，积累了一些财富！三个弟弟也逐渐长大来到上海，我又买了几辆货车，把车和业务都分到每个弟弟的手上，告诉他们你没有好的学历很难找到一份好的工作，那只有选择自己创业做生意！

做生意重在坚持，无论遇到再大的苦难都要学会挑战与面对，绝不允许选择逃避和放弃！到今天几个弟弟也都各自转行经营高端红木原材，拥有了自己的一番事业！我也成立了华韵红木家具公司和华韵建筑装饰公司。

随着公司的壮大，我越发感觉自身文化的不足！随后我经常出入各大企业培训课堂，在领航魅力演说课堂上我第一次认识陈送军同学，他充满了激情、自信的演讲至今还回荡在我的脑海！在他分享中我第一次听到他居然在大学校园内创办了晶口才教育这个平台，把自己所学奉献给身边的所有人实在令人感动！

创业过程中总会遇到各种挑战，我总是在提醒自己，往后退将会悬崖峭壁，往前就是成功的机会，时刻鼓励自己往前跑！我们很多时候不是输在自己的能力上，而是输给自己的放弃上！找了很多借口替自己开脱，但没有真正的解救自己。人生中最重要的就是设定一个合理的目标，你只要坚定的向这个目标走去，永不放弃，就将会拥有一个精彩成功的人生。

务实，努力，大学生加油！

## 人生没有爬不过的山

建信人寿　郑翠凤

我是“建信人寿”的郑翠凤，在这里问候大家！

送军是一位非常年轻、有口才、善良、付出的男孩，一个笑容每时每刻都挂在他脸上的大学生。大爱无疆，非一人之力，我本人非常期待《主动出击：做最好的大学生》这本好书的出版。让我们带着这本好书一起传播精神、传播思想、传播正念。因为我们的生命是经过一代代人延续下来的，我们也将继续把生命延续下去，这个过程是服务于生命的过程。

人生就像登山，很多时候，光看目标，似乎高不可攀，其实向前一步，我们也就距离目标更近一步，每个人不管多么平凡，只要真诚付出努力，都能达到比想象更高的高度。人生没有爬不过的山，重要的是行动认准目标之后，便脚踏实地向前……每一步，都是人生的新高度。我们都是有福之人，我们一起顶峰见！

## 梦想花，彼岸开

深圳市华依生技贸易有限公司董事长、
台湾钧晟国际有限公司董事长　姜惠茹

提起笔的时候，已是深夜。受送军之邀得以有机会静心回顾和总结，让我再回头寻觅当年那个傻丫头逐渐蜕变的历程。送军是我所认识的大学生中最为踏实、勤恳、敢于承担之人，我从他身上搜索到年轻时代的自己——那个奔跑的自己，那个不畏风雨、敢闯敢拼的自己。

为什么叫梦想花，彼岸开？一来我从台湾回到祖国大陆，我的梦想得以在大陆开花结果；二来我觉得梦想就像一朵彼岸花，她就在对岸朝我们微笑招手，等待我们去守护。

面试过许多大学生，问起他们的职业生涯规划时，大部分人不知从何作答。匪夷所思的同时我表示理解，毕竟他们刚刚踏入社会。可许多大学生的期望值远远高过现实，而现实是：天下没有免费午餐，付出才有收获。

我 20 岁就外出打拼事业，当大多数同龄人还在享受美好的大学校园生活时，我却毅然决然选择了创业，我渴望拥有自己的事业。我将全部积蓄都拿出来并在银行贷款凑了几万元，开启了我在塑胶用品方面的创业之路。在创业的头 5 年，我每天睡眠只有 5 个小时，为了节约成本我一个人兼任公司好几个职务：市场开发、会计、偶尔充当司机开个大货车送货。虽然很累可我觉得值，人生没有彩排没有演习，在这场历练中我出演过多种角色，而未来我也将因为这些丰富的经历而厚积薄发。

有些人常问自己“为什么我付出了却没有收获呢”，扪心自问，你坚持了吗？我不敢说我是最努力最付出的那个人，但我绝对是肯坚持肯用心的那个人。没有专业技术，我就边工作边学习，身边的人都开玩笑说我是“十万个为什么”；没有业务经验，我就每天多跑几家客户，提高沟通谈判能力。半年后我成为了专业人员及业务高手，5 年后我从一无所有到有车有房并拥有 6000 多平方米的厂房。很多人一直认为我是因家世背景而富，毕竟 20 世纪初就能有这样的成果并不容易，其实又有几人知道我的事业与我的家世背景完全无关，又有几人明白我成功背后的辛酸与付出，可我依然坚持我的梦想。

24 岁以后我重新调整自己，开始利用更多的时间去参加课程、活动，拓展人脉资源。短短几年我担任了国际青年商会分会会长。26 岁时，我已拥有上亿资产，成为当地的风云人物，更成为家族的骄傲。38 岁那年为了家族事业我只身来到大陆开发市场，对大陆的文化和市场十分陌生，一切都要从零开始。刚来大陆的 5 年让我尝尽了人生的酸甜苦辣，可我仍旧坚持下来，也许我的骨子里从来都流淌着不服输的血液，我的每个细胞都是为了奋斗而生，我要感谢自己的坚持，更要感恩身边支持我的朋友，是他们造就了今天这个自信勇敢的我。

当然，在坚持梦想的过程中谁不曾犹豫、彷徨，甚至自我否定呢？我学着调整心态，出门前我会面对镜子告诉自己要学习要成长，我是最棒最勇敢的。想来，每个人应该都经历过这样一段漫长而折磨的岁月，有人为情所困，有人为事业所困，有人为生活所困，当历经如千万条小虫啃咬的痛苦之后，人们往往发现都是被自己所困。

把思绪慢慢从回忆中抽离，我所要表达的就是成功没有捷径，梦想的彼岸一定能到达。你，已经决定乘风破浪，去守护你开在彼岸的梦想之花了吗？

# 小胜凭智，大胜凭德

湖北宜昌青年创业者协会副会长、
湖北宜昌市优畅时尚娱乐有限公司董事长　李勇

20年前，中专毕业的我放弃被分配的工作，南下深圳富士康打工，期间我发现南方的娱乐生活要比家乡丰富许多，于是1995年，我拿着自己的积蓄和父母的赞助，租下一间100平方米的地下室，开设了一家可以容纳近200人的投影厅。生意异常火爆，25岁的我很快就赚到了第一桶金。

创业之路从来不是一帆风顺的，投影厅办得如火如荼，几乎成了枝江的娱乐新标杆，但我想打一场更漂亮的“战役”。当时，汉宜高速开通不多时，我盯上这个机会，拿出开设投影厅赚的所有钱，又找亲朋好友借了一些，共200万元投资客运买了线路和车辆，然而，客车由于办证问题，无法进入车站，这次亏大了，我打起了官司，这一打就是四年。四年里，几经波折，我最后只拿回60万元。面对这笔钱，我做了一个决定：自己一分钱不留，全部退给当时和自己合伙投资客运线路的朋友。我告诉自己：生意没做好，做人还是要做好的。

人生从峰顶跌到谷底，我一蹶不振。我的一位发小找到我说：“我带你去个地方，你跟我去散散心。”谁知道这散心的场所竟然是——枝江火葬场。但当看到曾经活生生的生命在这里变成一缕缕青烟的时候，我突然想通了——争啥呢？全部都会化成青烟消失的啊！为什么不放下心结呢？人要做点善事还要做点好事，不然到火葬场青烟一化，什么都没啦！一直到现在，我还会时不时去火葬场看看，在那儿大脑完全放空，回到现实世界以后再更好地起程。

重拾信心的我开始了新的事业征程，我在枝江开设了“歌库”KTV。2011年，我又筹措到1000多万元加盟“优畅”KTV品牌，短短两年时间，优畅KTV的生意也越做越大，我先后开起三家分店，每家投资都在千万元左右。

所谓“小胜凭智，大胜凭德”，除了发展事业，我开始把一部分精力转移到公益事业上，带领员工到福利院、贫困小学慰问、捐款……在2012年“喜迎十八大”活动中，我赞助现金上十万元、提供实物奖品价值多达100多万元；2013年宜昌市西陵区春节庙会活动中，我再次慷慨投入20多万元，为市民营造最有民俗味儿的元宵节……我创建了一个“青年创业者示范基地”，且特别开辟了一处面积达600平方米的场地，定期免费举办创业者沙龙活动、知名企业家讲堂等。

在此，我谨给所有有创业想法或正在创业的青年人四点建议：

（1）先积累，后创业。青年人创业切忌太早、太急，尤其在如今市场竞争激烈的情况下，更不要轻举妄动。最好的方法是先找到成熟的平台，先学习、锻炼，积累社会资源，再独立创业。

（2）走出去，勤交流。多加入青年创业者协会一类的组织，借助平台的力量武装自己。协会聚集各个行业的创业者，还会有经验丰富的过来人，多和我们交流，彼此资源共享，能够少走弯路。

（3）投资前，先论证。选择投资项目，一定要亲力亲为地去论证，必要时还可以借助朋友力量，一同分析论证，切不可盲目投资。

（4）讲诚信，肯吃亏。不管是创业初期，还是事业步入稳定以后，都不能忘记“讲诚信，肯吃亏”。想要得到别人的帮助和理解，首先要愿意帮助与理解别人。

# 吃亏是福——为人处世的法宝

伊利莱鞋业董事长 廖春燕

中国有句古话：吃亏是福。如果一个人从来不吃亏，只知道占便宜，到最后，他很可能成为一个真正吃亏的人。想干事业，你就少不了吃亏，只有吃亏吃多了，教训受多了，你才能历练出智慧，从而获得事业上的成功。

我没读过大学，文化水平不高，二十年前从丽水山区来到温州发展，开始做鞋，在精明的温州人眼里，我们是“外佬”，经常受到本地人挤压，甚至瞧不起。但我以初生牛犊不怕虎的锐气，靠信誉、靠服务、靠质量不断改变别人歧视的眼光。我们企业向顾客承诺，我们卖的皮鞋只要预付一半鞋钱就可以试穿一个月，如有质量问题加倍退钱。这种吃亏的生意在当时真是有点不可思议。然而，恰恰就是这个，让我们掘到了第一桶金，并发展到现在的现代化企业规模，“吃亏是福”的观念一直是我们企业的法宝。

平时生产中我们会有不少产品不够达标而被销毁，表面上看损失了公司大量的财力物力，但最后却发展得更好，因为我们吃了亏，损害了自己的利益而受到了消费者的信任。不要怕便宜了别人，因为你会先予后取，小损失大收获，愚人赚今天，智者要赚明天。

做企业如此，做人也一样！在公司开办十余年里，我与各色各样的人共事过，也应招了众多大学生，让我最深刻的是一直忠心耿耿的几位管理者，他们没有特别优秀，也没有特别聪明，而是抱着一颗“吃亏是福”的心态，从基层一步一个脚印，一边学习一边勤劳地把公司的事当自己的事做。结果我们成了一家人，互相扶持，互相珍惜对方，他们现在也成了公司的股东之一。

对于到我们企业来应聘的大学生，我常常说，年轻人不要急于成功，要学会吃亏，因为成长比成功更重要！有些吃亏，看似“亏”，实则在积蓄“赢”，站在更高的层面上，就是要敢于吃这样的亏。现在大学生们从学校毕业，走上社会，相信都满怀信心，勇敢地面对这个社会，激昂地想去完成自己的理想。珍惜你的拥有，体验你的挫折，沉淀你的经验，多吃点亏，你会是一个勇敢、自信的成功者！

送给大学生最后的寄语：沉默是金，忍让是银，帮人是德，吃亏是福！

## 伴随一生的好习惯

常熟市世博机械有限公司董事长　平雪钢

创业这么多年来，通过与各界人士的交流以及自我的反思，我发现：习惯对一个人的成长是非常重要的。因为一个好的习惯可以让人受益终身。

今年 3 月份，我创办了公益微信公众平台“中国好习惯”（zg–hxg），并且到各地进行公益分享演讲，我的目的很简单，就是要帮助更多人养成各类好习惯，改掉坏习惯，更健康更快速的成长，做一个对社会、对国家有益的人。

和大家分享几个对人生有重大影响的好习惯，如赞美、感恩、学习。

赞美和鼓励像阳光般温暖人的心灵，您一旦养成了赞美和鼓励的好习惯，可以使您的人际关系越来越融洽，也会越来越受到别人尊重，甚至自信心都会越来越足！

感恩。感恩就是带着一颗真诚的心去报答和感谢别人！养成了感恩的好习惯可以让我们知足。在感恩别人时，使被感恩的人感受到自己的价值，对方自然会将这种正能量反馈给您！当然，感恩最大的受益者是感恩者自己，因为一旦有了感恩心，心底就会越来越坦荡，您的格局就会越来越高！

我们如何感恩呢？一定是先从感恩身边人开始，大家今天能有机会在大学深造，没有大家的亲爱的父母，没有大家慈祥而严厉的老师，没有同学无私的帮助等，是不可能有这么好的机会的。现在还有好多人由于各种各样的原因，而未能走进大学的校园，所以大家是幸运的，这个时代机遇又很好，所以我们除了拼命提升自己，在人生道路上有所收获外，还要以感恩的心态将爱传承，力所能及地帮助社会上需要帮助的人！

学习，除了打好文化课的基本功底外，还要积极融入社会，去社会中学习。多接触和学习正能量的人和事，就是说要提前为将来的一个好的就业做热身运动，也许大家会付出很多，也很辛苦，但现在不累，将来会更累。现在多做积极的有意义的事，就是在为大家将来目标的实现累积砝码。

大学生涯只是人生的一个小小的阶段，未来的路还很长，一切从小事做起，从身边做起，相信只要全身心地付出，朝着目标的方向而努力，大家一定可以收获更美好的未来！

感恩送军的邀约，感恩大家的阅读！



## 做一个会演讲善表达的大学生

上海宜华实业有限公司董事长　沈华英

2012 年 4 月，一个巧合的电话邀约，让我有幸走进了领航国际商学院金学建导师的课堂。金老师一句“伟大的思想不再沉默，让表达的价值放大百倍”深深触动了我。我告诉自己：我是自信大爱付出的超级演说家沈华英。

对于我一个从事30多年外贸服装加工的企业家来说，从未对演讲有一丝丝的想法，从未觉得“口才”对于我来说是一件很重要的事，就是在金老师的课程中真正领略，我忽略的表达是多么重要的事，更好的表达会提升效率、更好地传递思想，也能交到更好的朋友。在这堂课程中，我认识了年轻活力、富有梦想的陈送军，他热爱学习，在每一个假期都全力以赴来担当课程的助教，他大学的梦想是通过演讲帮助更多大学生提升表达能力、促进大学生成长成就。对于具有同样专业技能的大学生们，一个善于沟通表达，一个不善表达，毫无疑问，我们会选择更会沟通表达的。有句话说，管理工作就是沟通的工作。所以于公司内部而言，会沟通很重要；“酒香不怕巷子深”的时代已经过去，现在任何公司都需要更好的传递公司的品牌，推广公司的产品，而沟通在其中就起着很重要的作用。

期待《主动出击：做最好的大学生》这本书的早日出版，感谢金老师！感谢送军！感恩结缘！

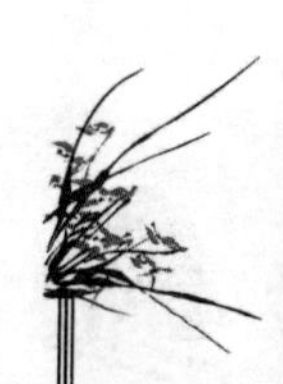

## 人生旅途刚刚开始

国家级摄影师、导演　沈仙

客观运动规律就是道，大道至简，道不远人，“道”很简单，但每个人感悟不一样，在每个年龄段，领悟也不一样。每个人须经历：知道，学道，用道，修道，得道。作为年轻的大学生，首先是知道。

一个人不知“道”，那么他的目标、志向和梦想就不一样，而人生取得的成就也就拉开了距离。周恩来说：为中华之崛起而读书；毛泽东说：为全人类解放而奋斗。两位伟人都是年轻时候表达出的志向。你我每一个人的梦想和志向不一样，导致成果也不一样。实际上每个人都是独一无二的，每个人都具有无限的潜能。前提是每个大学生你们知“道”吗？你们相信吗？耶鲁大学用二十多年的时间做过一个调查研究:3%的人具有长远和明确的人生目标，并坚持不懈去行动，坚信他们的目标，最终他们都在各自领域内做出了相应的伟业。你们也可以成为3%人中的一分子。只要你们知“道”，相信而去行动。

年轻的大学生们，你们仍需要一个老师，一个教练，你们最终会走出“象牙塔”，继而进入一所新的大学，它会伴你们终身，它就是“社会大学”。每一个人在人生的旅程中都需要名师、名教练的指导。我已到不惑之年，我悟“道”：许多的安排都有其自身的道理，我们要学会接纳。当你们明白理解了，恭喜你们，你们学“道”了。

有一首歌曲中唱道：“钟鼓还不是钟鼓，直到你敲响它；歌曲还不是歌曲，直到你唱响它，你心中之爱不是闲置停留的，爱还是不爱，直到你将爱传向四方！”当你们有了明确的梦想，请您一定行动、行动、再行动。您就在修“道”。

每一棵青草，每一朵雪花，区别甚微，却绝无全然相同的两个，就像你一直知道的那样。从细小的沙砾，到巨大的恒星，一切创造皆源于此，就是允许它们成为“自己”！一味地模仿是多么的愚蠢，假装是多么的无用！这世上只有一个“我”，你应该同样地以你为荣，因为世上也只有一个“你”。

当你践行了事物客观运动的规律，践行好了“道”就会是一种得到“道”。亲爱的大学生们，我真想时光倒流，让我重新和你们一样，在你们中间。亲爱的大学生们，你们要好好珍惜现在已拥有的一切。语言永远无法表达我的思想，如果再有一句忠告，那就是：这个世界上没有免费的午餐，永远不要走捷径！

人生旅途才刚刚开始，珍惜。

# 人生职业规划浅见

雅芳团队讲师、星星美妆连锁机构负责人之一　施嬴珂

在接到送军来信，庆幸自己有幸读到如此赤忱的、热烈的文字，我也由衷地感谢能有机会在这里分享些许观点。

从业将近20年，从一名家电维修工到现在的企业管理层，其间有辉煌、低谷。一路走来，我对我的职业全部做了系统的规划，我通过职业规划，找到了职业的信仰，正是如此，我才满怀欣喜、充满动力！

初涉职场的我们或许懵懵懂懂，忙于找工作，会忽略自己真正的意愿，什么都不了解，对行业、对职场、对人际关系很多都没做过深入的了解就开始了自己的工作，但是，这些意味着没有目标的莽撞。这样的工作持续一段时间后我们开始发现，工作中我们遭遇了挫折，有了自己的新见解，当然有的人开始了抱怨和消沉，这个时候一定是你需要突破自己的瓶颈时期。任何一个人在职业道路上要想有好的结果，都要学会去仔细的计划。

可以试想，如果我们没有良好的职业规划和对自己正确的评估，当不可避免的职业瓶颈阶段到来时我们何以应对？退缩放弃、放任自流、盲目武断都是对未来不负责任的行为，在职业发展的过程中，综合能力、经验定位和学历的契合程度决定了发展高度和方向。它们既是晋升的砝码，同时也有可能成为你失败的罪魁祸首。及时调整职业规划，勇往直前、突破瓶颈才是科学的做法。

首先，应该提高自己的学识。社会是一所大学，好的学历＋进入社会的学习能力才是自己最大的筹码。仅有过去的学历背景是不够的，进一步的学习和提升才是保持职业的可持续发展和对职业保持热情的很重要的方

式之一。

其次，提高综合能力。综合能力包括学习能力、沟通能力、管理能力、决断能力、自信力等，这是判断在工作的过程中是否可以达到相应高度的重要指标。

在工作中，能从上司和同事那儿学习到很多新知识、新理念。有很多人会认为公司并没有提供合适的培训机会，其实这是一种误解。作为善于学习的职场人士来说，自己也可以安排一系列详细丰富的学习计划来提高自己。提升自己的综合能力，增强自己的职业含金量，才是突破瓶颈的最终的方式和手段。

职业规划不会一次完成，它是人才与职业进行配对的规划，它不但是人们对职业的选择，也是对企业的选择。

在人的一生中，职业规划并非一次就能完成，它可能会随着人的成长与变化而不断出现，适时进行调整是人们经营自己未来的一项长期的战略工作。

朋友，当你读到此文，一定正面临即将步入社会的关键时刻，不要迷茫，更不要懦弱，虚怀若谷，才能锻炼自己的职业精神，当你的目标明确的时候，你对职业才有宗教般的狂热，因为，工作及职业已经不是你生存的工具，而是你实现自己、尊重自己的一种信仰。

我希望每个人都能有信仰地活着！

## 浅谈大学生的价值

江苏大鹏水务科技有限公司董事长、
江苏王氏溢豪警用装备公司董事长　王家庚

作为一名企业管理者，我带领我的团队在商海里也经历了数载磨炼，其中辛苦也只有自己知道。善于选对人，站好适合他能力发展的岗位是每一位企业管理者的大事。

作为一个企业，针对中国现在的教育体制弊端等问题，提出一个有效的应对措施，不仅是企业的责任所在，也是企业发展成熟全面的标志。现在社会上对于新毕业的大学生职业素养，专业技能，价值观取向等，也有不少贬义看法。我个人认为不是毕业生们真的那么不可救药，有些时候这也是大环境的社会现状造成的。我认为，在选拔人才时，不仅要择优录用，更要给新人提供一个很全面的录用培训计划，我愿意适当的冒这样的险，愿意给新人一个机会。试想：每一个成功者不都是从零开始的吗？

现在社会出现了大学无用论，大学毕业即失业的较极端的观点，但多少折射出了些问题。大学生就业力到底缺在哪儿呢？

企业对大学生在就业力缺乏方面的看法是——态度是最大问题。目前大学生的职前培训应分为三个阶段，首先，在培训求职过程中遇见的困难，这一阶段需要从行业知识、企业知识、职业规划、职业心态、求职技巧等方面来进行培训；我个人认为这第一阶段的培训在学校毕业指导中是必须要进行的必修课。其次，就是在通过努力获得了就业机会之后，由于缺乏应有的基础职业素质，而难以适应职场要求的问题。这也是当前许多用人单位不愿意直接招收大学生员工的重要原因。最后，是大学生在学校所学的专业知识与用人单位特定岗位所需要的实际专业能力之间存在差异，目标岗位导向的专业技能培训必须提前落实。

大学毕业生刚到企业工作，达不到企业用人标准很正常。企业录用大学生是看重其可塑性比较强，学习新知识新事物快，能主动做一些繁重的活儿，增强企业活力，但是如果大学生缺乏主动心态，一味好高骛远，则很难得到企业青睐。企业则希望每个员工都有一种主动的心态，主动关心企业，要有主人翁的精神。此外，现在的大学生要树立一个正确的价值观。这是个庞大复杂的论题，我只是想说一点就是：要先学会做人，再做事儿。做一个人格健全的人，做一个能正确处理人与人之间，如同事之间、上下级之间关系的人；人与社会之间，不整天愤世嫉俗，牢骚满腹的人；人与自然关系之间并使之能协调发展的人；做一个有理想、有道德、有高尚情操的人。一句话，做一个有利于社会、有利于人民、有利于国家的人。

大学生们真正的价值大小就掌握在大学生们自己的手里。

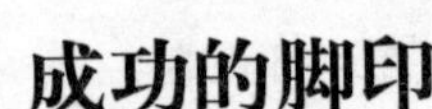

## 成功的脚印

北京金美乐酒店用品有限公司董事长　王青红

一个人的成功绝非偶然。期间需要用心做事，以德服人，比努力的还要努力，比用心的还要用心，勇敢地追逐梦想。

一个初中毕业，从小山沟里走出来的小女孩——我，带着一些梦想，来到北京这样的大都市。凭着"用心把每一件事都去做好"的原则，在第一份洗衣店工作中，只负责干普通杂活的我，在短短的不到一年的时间，在没有任何人教我的情况下，掌握了店里所有的技术活！我又毫无保留地教会了店里所有人，感动了老板和同事们。在我的争取下和老板的鼓励下，我成功地开了我自己的第一家洗衣店，同样，我用心接待每一位顾客，用心清洗、熨烫、整理好每一件客人送来的衣物。1996 年，我挣到了我人生的第一桶金，年收入五万元。不是凭借学历，更没有什么社会关系的我，全力以赴地把自己的工作做好！给自己，给提供给你工作平台的人和社会一次能实现自我价值的机会。

后来我开了家酒店用品实体店，我始终专注于为顾客介绍每一件适合的产品，帮助顾客一起策划开酒店所需物品的解决方案，因为忙碌甚至忘记吃饭喝水，有时候把货送到顾客店里回到家就已经深更半夜了，第二天早上继续早起上班，生意越来越红火，店面也越来越大，终于在 2006 年，我注册了第一家北京金美乐酒店用品有限公司。期间，我协助自己家的姊妹四个相继都成立了公司。又引领其他亲人到了北京，都开了自己的店面公司。这些年来，我带来北京的家族成员六十多个，十二家店面公司。就这样成就了我人生的第一个梦想：让家里人能过上好日子！让更多的人走出去，实现自己的理想，为推动社会的发展出份力量！

公司成立以来，我有了自己的团队，以为人多了就更加好做了，也可以轻松些了。可是事情却不像我想象的那样好！因不善带领团队，在 2011 年公司遇到了瓶颈，生意不好！那个时候我否定了自己的能力，以为自己就这么大本事了，甚至想过要放弃自己的事业。

最后，我坚持了下来，我要找机会想办法解决公司目前的状况。我走进了清华的 CEO 总裁班、领航国际商学院课程、商战智慧课程等，尤其是听完领航国际商学院的系列课程，我明白老板就如老师，要做有思想的领导者，而不是和员工抢着用手做事的人。通过对公司运营模式、执行机制等的调整，公司的发展有了明显的改善，我经常不在公司的情况下，公司业绩依然保持了每月上升的趋势，公司所有人有了更好的状态和结果。这也是我的第二个人生梦想，实现北京金美乐酒店用品公司所有人的幸福和梦想！

我的第三个梦想是：影响更多人开始慈善，捐助社会上最需要帮助的人，我认为这样更能体现出事业的价值和意义！

一段不足为奇的成长经历，希望能给即将步入职场的大学生带去一点启发和帮助，谢谢！

# 主动出击，永不放弃

湖南益视堂健康科技有限公司董事长　王晓云

在我的人生中，经历过很多坎坷，一路走过来，也是非常的不容易，学习也是我一生的追求，在这个时代学习太重要了，而且我觉得口才是所有学习中相当重要的。我上个月到北京参加一个演讲班，一个怀化独臂年轻女孩上台演讲分享她的人生经历，感动了在场所有企业家，仅仅五分钟改变了她的人生，当场就有很多企业家给她投资办厂。我也参加过领航国际商学院金老师的课程，在课程上我运用演讲技巧，8分钟的时间销售了40多万。所以，我觉得演讲能力是每个人一定要具备的！

今天我向各位分享一下我的部分人生经历。我出生在常德石门县一个偏远的山村，那时我家乡非常贫穷落后，上学要走60多里的山路，每次放学回家都到了晚上10点11点钟。那个时代要有好的家庭背景才有好的工作。

我不是一个安于现状的人，工作两年后，我感觉这并不是我想要的生活，当时正值全国掀起了一股打工浪潮，于是我决定借钱跟两位朋友一起出去打工，在路上的时候我们遇到了小偷，把我们的钱偷了，于是我们又到另外一位朋友那里借了100元，到后面的时候，同行的一个朋友有技术找到了工作，另一个当兵的也顺利找到了工作，由于身上没什么钱，我就住在一个在公司当高管的老乡那里，住了半年的时间，天天靠吃方便面度过，当时我们就有个约定，我说“世界上没有用的人很多，但不是我们三个人”！

工作几年后，我回到了湖南找到一份保险公司的工作，我从一个最基础的业务员做到了营销经理。后来在2006年，这也是我人生中最宝贵的一年，我跟一位老乡贷款6000元到浙江义乌考察了半年，于是在义乌办了一个水殖产品厂，由于这是个暴利行业，一下子这种产业快速发展，最后公司遇到了很大的困难，这时候有一个老乡提出来不干了，但我决心继续干下去，就在我最困难的时候，有个认识的义乌老板被我的精神所感动，义无反顾地帮助了我，他是我人生中的一个贵人。

后来在北京考察，了解到一个非常高科技的手机产品，我坚信过不了多久，手机一定非常的流行，于是我借了3万元获得他的技术，最后发现这是个伪科学，后来打了几年工才还了这3万元。经过这个事情，以后选择项目的时候，我非常的小心，一定要确定它的科技含量，是否经过权威机构的认定。

再后来，我了解到我们国内的近视率非常高，于是我在长沙开办了一家眼镜公司，期间我获得了一项专利，我就靠这一项专利获得了成功，现如今益视堂已有200多家连锁公司，拥有了19项国家专利，有了自己的品牌。

最后我想给大学生三个忠告：第一，要有爱心，没有爱心的人走到哪里都不受欢迎，对父母要有孝心，一个对父母都没有孝心的人不可能有爱心；第二，要有责任心；第三，要有一种不服输的精神。

大家在以后的人生路上，有地方需要我帮助的，我很高兴也很乐意，祝大家学习进步，谢谢！

# 自强不息，感恩一切

太仓市金达机械有限公司董事长　吴琴秀

1963年12月，我出生于一个农民家庭。1980年高中毕业时，当时我多么希望高中毕业后通过高考到大学继续深造啊。但沉重的家庭负担，让我只得含泪放弃高考回到农村，帮助父母为家里挑起生活的重担。

我在村里当了一年民办小学老师后，以主人翁的姿态在太仓针织配件厂工作了10年时间，期间我努力工作，尽自己最大的能力为工厂创造价值。1993年，靠着一台8000元的刨床起步，我开始了自己独立创业之路，经过20年的发展，金达机械从最早5个员工发展到现在70多个员工，从产值加工的5万元到现在的2500多万元。在这个过程中我得到了干部、职工还有很多贵人的帮助，深深地感恩他们。

在这里与大学生朋友分享两点：

第一，作为刚入职场的大学生，只有把企业当成自己的企业来经营，具有主动创造性，为企业奉献创造更大的价值，在这个过程中，个人的成长速度也是更快的！

第二，不管是现在大学，还是将来步入社会，都要常怀感恩之心。我在公司会议室墙面上贴了这么一段《感恩词》，和我们大学生朋友分享：

感谢国家培养护佑

感谢父母养育之恩

感谢老师辛勤教导

感谢同仁关心帮助

感谢农夫辛勤劳作

感谢大家信任支持

让我们以感恩的心

奉献于这个美好的人世间

祝愿天下人都幸福快乐

## 人生的价值

海博制衣有限公司董事长　言奇

生命，一个美丽而又沉重的字眼。她的美丽，来自于生命本身的活力、人生历程的丰盛和一路成长的喜悦！她的沉重，是对于生命的无奈和迷茫，是亲人逝去的痛苦和悲伤，是挫折和失败留下的沉思。生命是一个追求有价值的过程，懂得生命意义的人往往都是怀揣梦想和希望的人，梦想也正是人类所具有的最神奇的力量！希望和梦想也就是对未来的预言！大学价值的探索，就是梦想的起航！就是人生精彩的选择！

说到生命的意义，我想起了我的一位老师，著名经济学家茅以轼茅老写的一篇短文《生命的意义何在》，短文是这样写的：我是一个八十多岁的老朽了，现在可以静下心来思考一些关于人生的问题，假如这样的问题早个十年、二十年、三十年去思考，我相信我的人生将会更加丰盛、更加有意义！那人生的意义是什么呢？亲爱的读者，其实很简单，就一句话："帮助了多少需要帮助的人们。"是的，我不是救世主，我不能帮到所有的人，我们是否尽最大能力去帮助那些需要帮助的人们，这也就是人生的价值！

## 好工作不是你找来的，而是你创造出来的

杰利欧尔（中国）男装连锁有限公司董事长　尤静洲

我是一个普通人，没有高学历，也没有背景，当初我和夫人创业，是从一家小门店开始的，期间有许多挫折，但我和夫人不抛弃、不放弃，团

结职员，店面从一家到两家，到三家……现在已经成为了男装连锁品牌。

根据公司人才招聘和培养，我给大学生一些建议。在招聘人才方面：

首先，我会比较注重应聘者给我的第一印象，现在的80、90后一般都很有个性！太张扬的性格不适合做服务行业，所以，我会观察他们应聘时穿着是否得体？是否干净整洁？是否彬彬有礼？是否善于沟通？有没有活力和亲和力？……这些方面体现了一个人的修养和自身条件，我们每天与那么多顾客第一次接触，能否在开始的六秒钟之内，建立良好的第一印象，决定了这单生意能否成交。所以，你的外在形象，你的谈吐，你的肢体语言和微笑，至关重要。

其次，在交谈的过程中，我会问他为什么来应聘这份工作？应聘者往往有两种回答，一是找份工作而已，这种应聘者稳定性不大，工作中碰到困难不开心，马上就换工作，流失得很快。二是说喜欢销售行业，要锻炼自己，成长自己，希望有更好的舞台。这种应聘者才是我们需要的，因为他有想法，就会很好地表现自己，有明确的目标，就会主动做事，主动学习，给他舞台，他就会越来越优秀。所以，成功始于一种想法，应聘的时候，要大胆说出你的想法，你的老板才能帮到你。

最后，不管应聘者是什么学历，有没有经验，我们都会让他从基层的销售做起，往往有一些自我感觉良好的应聘者，不屑于做销售而被淘汰，而一些学历不是太高的，通过一段时间的实践，非常的优秀。所以说，学历并不代表能力，你的学习力才能代表你的能力，每一个行业，每一个公司，运作模式都不同，在一个新的环境，只能从零做起，虚心学习，不断累积，才有可能成为公司的人才。

初入职场，我们都带着美好的希望和憧憬，总想找一份称心的好工作，其实开心快乐的好工作不是找到的，而是自己创造的：

首先，要培养一种心态。当我们刚刚加入到一个团队中时，要学会快速融入，把每一位比你先来的同事都当成学习的对象，别人对你的帮助要及时口头感谢。当然，一个团队中难免会有些抱怨和不满，但是千万不要附和，而要说一些积极鼓励的话语，想出一些解决问题的方法，整个团队就会充满活力。

其次，要有敬业精神。很多时候，我们把上班当成一种交换，我付出多少时间和劳动，老板就给我多少钱，很多人不愿意多做一点点。为什么有的人能从基层慢慢地做到高管呢？因为他比别人做得多。你越敬业，付出的越多，成长也就越多，把公司当成你人生的舞台，你就会越来越精彩。

最后，学习是帮助我们快速提升自己能力的途径。在平常的工作中学习，不断总结经验，改进方法，除了接受公司的一些培训外，也可自己去找一些专业的书本看看，增加知识。学习可以调整心态，指明方向，感知未来！

祝读者前程似锦！

## 做自信和目标明确的磁铁

湖南阿利维商贸有限公司董事长、华域智库执行秘书长　刘金海

我来自农村，刚进大学我清楚地记得身上只有400元钱，买了学习生活用品后剩下的钱寥寥无几。于是我利用业余时间去外面做兼职：摆地摊、卖水果、做推销、发传单……我明白，从农村出来的孩子，与其叫苦连天、自怨自艾，不如直面贫穷，改变命运。

大二下学期，我在雨花区十多所高校都创立了自己的创业团队，达1000余人。成立了湖南大学生创业联盟。2009年12月，我的第一家门面在学校开业，我用大学攒下来的十几万块钱开始经营电子数码产品。大学

期间，我还每年拜访 50 个企业成功人士，我始终保持学习的习惯。

2010 年 7—9 月，是我大学毕业后的最低谷期。数码产品店和人力资源公司因为自身经验不足、财务管理不到位而倒闭，社会给告别大学的我的第一份礼物是又一次“清零”。也许有人认为我会一蹶不振，但我却偏偏不服输。我向朋友借钱，在深圳开起了第一家公司——足迹教育咨询管理有限公司。一年下来，我实现了买第一辆车的愿望，赚了几十万元。到 2012 年年初，公司搬到了 150 平方米的办公室，并改名为“长沙晟楚文化传播公司”。到了 2012 年 9 月，我开始经营自己的第二家公司——湖南阿利维商贸有限公司，同时办公室也升至了近 400 平方米。在不断经验总结中，我形成了自己的一套企业管理方法和团队战略，如今也是几家公司的顾问。

其实困难就好像一阵风，短暂即逝，它不可能一辈子伴着你。我愿意当一块磁铁，做自信和目标明确的磁铁。这样就总能吸引和自己同频率的人靠近。我的“磁场”是自信和目标明确。也许正因为这些磁场吸引了许多志同道合者，让他们愿意帮助我，和我一起。生活的磨难并不能打垮一个人，反而能将人磨砺成一个散发着巨大磁场的磁铁。

如果你问是什么支持着我一直坚定着目标朝前走，原因很简单，是梦想伴我前行。

第一个梦，是在广州东莞打工的时候想的。记得当时自己和同行的三个人不得不依靠 15 元钱熬过三天。第一个晚上，几个人只敢点一份炒茄子和几份大白米饭，肚子饿了就靠喝水撑饱。晚上站在天桥上看桥下的车川流不息，看路两旁的高楼里灯火明亮，那是我第一次梦想自己以后一定要做楼中人和车里他，一定要创业而不是帮别人打工，一定要做同年纪里面最好的人。

第二个梦，是在创办了晟楚文化传播有限公司之后，渴望有自己的一

家发展好的公司，想要做大做强，形成有自己特色的管理模式，以及培养出一批高效率员工。

第三个梦，是未来30年的规划——30年后拥有两家上市公司，跻身世界500强。

仰望星空，是一种追寻梦想的姿态，脚踏实地，则是实现梦想必须要走的路。“做人博如海，做事细如针。逢人矮三分，遇事快半步。”我常常向我的员工强调这几句话，短短20字也是我一直对自己处事的要求——要学会包容，要虚心学习，要提前准备。

这就是我，简简单单的逐梦人，真真切切地存在着！祝读者的大学精彩而富有意义！

## 理想与激情

江苏盛豪进出口有限公司董事长、
江苏盛豪包装实业有限公司总经理　余燕华

在我很小的时候，我就立下志向，就是做像居里夫人一样的科学家，可是没做成那么有学问的科学家，却成为了一个自己觉得幸福的女人，这个幸福是由自己的自信而得来的。我和我先生在1996年创立了盛豪公司，企业建立迄今已有10多年，其中艰辛和困难与大多数那个年代的创业者一样，泪水与幸福的笑容并存着。对于自己成长的点点滴滴，只能说一个字，勤，勤能补拙。

我的儿子正在读大学，所以我更能了解并理解这代大学生的激情和迷茫，90年代大学生们更具创造性，普遍的人文素质高，他们不因循守旧、故步自封，他们想得更多的是：我需要什么？我怎样做才能得到我所需要的，实现自我价值与社会价值的结合。

刚踏入社会的大学生可能会觉得这个社会竞争很残酷，其实在任何年代社会的竞争都是残酷的，所以给即将步入职场的大学生一些建议，望能帮助到大家。

第一，初入职场态度要摆正。对于竞争激烈的职场，我们目前也只是普通劳动力，虽然我们在大学里有学管理的，有搞研究的，但是在公司里、在单位里，一般是从最底层做起。刚踏入职场的年轻人，要有正确的态度，认认真真、脚踏实地地从基础做起，切忌好高骛远。

第二，端正工作作风。各种不良的职场风气也在蔓延，刚踏入职场的年轻人，不能为了蝇头小利而走弯路，要始终保持着年轻人的激情，要在工作中弘扬正气，树立正确的职场观念，得到不断成长。

第三，干一行爱一行。刚参加工作时，兴趣爱好很重要，养活自己更重要。既然选择了这份职业，干一行就要爱一行。只有全身投入，才能在自己工作的领域取得成绩，才能取得更好的发展。

第四，学会担当。踏入职场，我们已经成为一名社会生产者，生产者无论在哪个岗位上，身上都肩负着一定的责任，这种责任与学生的责任是不一样的，这种责任更多的是对社会的责任，不管是刚踏入职场还是已经工作的人们都要背负这种责任，遇到问题遇到错误要学会担当。

第五，目标要远大。大部分毕业生工作以后，不仅关心前途，也关心钱途，作为刚刚参加工作的毕业生，虽然经济待遇很重要，但是千万不能一切只向钱看。只有树立远大的目标、理想，沉下心去安心工作，多向有丰富经验的同事学习，才能不断提升自己。

每个公司都有自己的文化氛围：有的崇尚张扬，有的崇尚沉稳踏实，有的要求员工按部就班，有的需要员工更活跃一些，等等。要先去了解这个企业的“生存法则”，尽量及早融入。最后祝愿大学生由知识做基础，理想作为导航，在自己的人生道路上写上最完美的一笔！

## 坚持成就梦想

湖南文世达科技发展有限公司董事长　曾智

梦想是梦与想的结晶。梦想，是人类对于美好事物的一种憧憬和渴望，是一种对自己未来与生命的责任。一粒种子在泥土里，有可能会发霉腐烂，更有可能长成参天大树；一个人生活在世上，有可能会碌碌无闻虚度光阴，更有可能让生命发出耀眼的光芒。我相信每个人都怀揣着属于自己的梦想，有的时候会比较近，有的时候会很远，选择坚持、选择珍惜，你就会离它越来越近，总有一天会实现的。

成就他人，让他人变得更伟大！这一直是我的梦想、我的追求、我生命的激情！为了这个梦想，我不懈努力，持之以恒。我向文世达伙伴们传递最多的正能量就是“快乐工作，快乐生活，帮助身边的人，让他们变得更伟大”。每天清晨当你睁开眼，告诉自己美好的一天又开始了，不会比有着得过且过的消极思想生活的更快乐吗？我们现在是美国金佰利公司在湖南的第一家经销商，我们有一个梦想，就是致力于服务世界500强企业，公司的梦想让伙伴们工作起来更有动力和激情。

在坚持梦想的道路上，我也遇到过很多挫折，付出过很多汗水，曾经的蓝衬衣经过一个夏天汗水的浸泡，褪变成了白色；有时为了拓展某项业务，使公司经济陷入绝境等，但所有发生的这些困阻都不能成为我放弃追逐梦想的理由，信念和梦想支撑着我一步一步走到今天，驱使我不断前进！亲爱的莘莘学子，梦想，是一个人对自己一生的“承诺”，它在心灵最深处等你一起飞翔！

# 傻人有傻福

苏州亨隆商业展示设备有限公司董事长、
苏州市力唯商业设备制造有限公司董事长、
常熟市台州商会副会长　张亨兵

我是台州温岭人，早年是一名木匠，创业初期在上海卖过塑料制品和开过干洗店，后来又到常熟创办了一家装饰公司和一家木结构商业道具厂。

曾经因为年轻，经营经验相对不足，生意上的应收款不断增加，遇到过挫折，面对困难，我没有气馁，凭着诚信务实的作风和一定的胆识，2008年我以9万元“重整旗鼓”，在莫城与人合伙开办了苏州力唯公司。

傻人有傻福，在商场上，有些人做生意非常精明，吃不得亏，殊不知，每个人心中都有一杆秤，如与人交往常务虚和不坦诚，久而久之，这杆秤的天平就会倾斜，其结局终将被别人疏远，而自己之所以能够在困境中胜出，就是因常记“吃亏是福”的古训，从而使自己比较随和憨厚，少计较得失，因而朋友、客户都愿亲近我，在我最困难的时候，好多外地的客商陆续给了我机会，虽然当时欠着债务，但生意没有中断，苏州力唯挺过了创业初期的困境，走上了发展的坦途。

是的，吃亏是福，我的深刻感悟给我们上了生动的一课，在商场上，有时资金不一定起决定性作用，其实做生意就是做人，诚信为人，广结善缘，广交朋友，总是有机会的。

我常怀着一颗感恩之心，对帮助过我的客户非常重视，商业都是互通的，客户帮我转介绍，我也利用网络、企业的平台给客户做宣传，目前，苏州亨隆95%的订单都是来自客户的转介绍，这样高比例的转介绍让我领略了自己在细分行业深耕细作的魅力。同时，我也在力所能及、身体力行地做一些慈善，比如，支持一些智障儿童的学费、生活费等。

这就是我的创业故事。在此祝大学生发展得越来越好，祝读者拥有灿烂美好的前途！

## 感恩的力量

湖南斯沃特智能科技有限公司董事长　周昊天

我不是富二代，也没有高学历，甚至于在一年多前，我还不能深切地体会到何为感恩。而这一年多来的改变，直接体现在事业上，生活中。

感恩，“恩”，“心”和“因”组成，感恩是有原因缘由的，那来自于什么呢？毋庸置疑，感动，一切由感动而起。

感动，是人类最美好的感受，没有之一。感，心有所感，“心”上一个“咸”字，代表着五味，人生亦有酸甜苦辣咸，我们一直在其中，有此五味也才是至真人生。而为什么是这个“咸”字和“心”字就组成感呢？我是这么觉得的，人生，自身能感受到的“咸”主要来自于哪儿？细想一下，汗水，泪水，血水都是咸的，诚然，当我们为了事业、家人、朋友流汗、流泪甚至流血的时候，我们是不是会有更多的感受？或许你又在想，那为什么？为什么我们没有感受到那么多的触动呢？究其原因，动字告诉我们，不是我们感受不到，或许只是动的“力”不够“重”罢了。

我们一路前行，有索取，有付出，有亏欠，有不甘，这些都没有关系，只要不放弃，只要继续前行，别看障碍看目标，努力地，认真从寻找身边细微的感受，从感觉到感触，到感动，继而持续感恩，我们会做到的。

感恩，感谢我的贵人们，我相信大家都是有大爱、有成就的感恩之人。

我是谁？我是超级演说家，我是坚强自信有爱的男人，我是智能生活倡导者，我是周昊天，在这里，欢迎您来结缘。感恩送军的邀约，感恩每一位朋友！祝大学生们带着感恩的心成长成熟！

## 爱拼才会赢

上海幸赢装饰设计工程有限公司董事长、《草根榜样》作者　杨林生

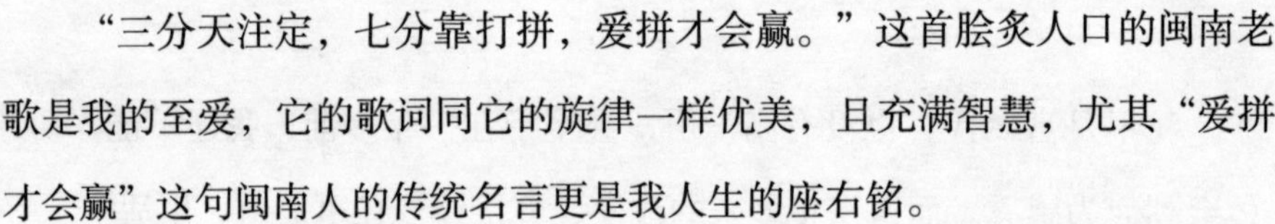

“三分天注定，七分靠打拼，爱拼才会赢。”这首脍炙人口的闽南老歌是我的至爱，它的歌词同它的旋律一样优美，且充满智慧，尤其“爱拼才会赢”这句闽南人的传统名言更是我人生的座右铭。

我出生在贫穷的安徽农村，小时候拉过犁，种过地，因为穷，我 16 岁辍学，17 岁便成为千千万万个农民工中的一员，做过建筑工、泥瓦匠，睡过工棚、桥洞、水泥管，啃过冷馒头，有过几天吃不上一顿饭的窘境。曾在多少个华灯斑斓的都市夜晚，拖着疲惫的身心独行在熟悉却又陌生的大街上，也曾想过打道回府，永远满足于老家的那亩薄地。但“爱拼才会赢”一次次让我坚定、让我振作，跌倒了，就爬起来；再跌倒，再爬起来。我慢慢学会了坚强，用心呵护着心中那个小小的梦想，最终成了我想要成为的人，拥有了我想要的人生。

现在的你，或许抱怨过家庭没背景、身边无贵人，没钱、没资源……但如果和当年的我相比，你是否应该即刻停止埋怨？你拥有知识、信息、智慧和平台，你没有理由不成功、不精彩！“三分天注定，七分靠打拼”，的确，命运有很多因素不是可掌握的，但是努力可以提高掌握命运的能力。既靠天，也靠地，更要靠自己。是马就应驰骋万里，是鹰就该搏击长空，如果您自恃是个人才，那就给自己展示的机会，即便拼得头破血流，也不

言悔。请相信：每次失败都是重生，蜕变的过程需要阵痛。认准了，就去做，不跟风，不动摇，要做自己灵魂的主人。

事业小成后的我，一直想把自己的管理及人生感悟分享给周围的人，让更多的人拥有梦想、富有激情，让生活充满正能量，于是每天坚持给大家发短信，坚持到现在已连续1559天。尽管曾被误解过、被骂过、被嘲笑过，但我从未放弃过，而是努力完善、执着追求，直到现在“阳光信友会”的成立和不断发展壮大。每天清晨即起，第一件事便是高诵激情的话语，赋予自己无限激情和力量，随后做200个俯卧撑，接着冷水浴，八点一刻左右便把整理好的短信分享给大家。每天如此，我绝不给自己任何偷懒的借口和理由，即便是身体不适，也不例外。我相信：人是可以不断创造奇迹和发挥无穷潜能的神奇动物。坚持成就了我良好的生活习惯和处世态度，并赋予了我顽强的意志和韧劲。好习惯，让我拥有好身体；好心态，让我成就大事业。

从蛹到蝶，只有亲身经历蜕变的过程，才能体会其中的酸、甜、苦、辣。痛，要留在心里；路，还在脚下。有努力就会有收获，阳光总在风雨后，爱拼才会赢。

# 附　录

## 50句用心写给大学生的话

1. 先父母之忧而忧，后父母之乐而乐。

2. 只有没有原则的人才会被无原则的对待。

3. 诺言没有期限就是谎言；许下有期限的诺言，不去兑现，就是“谎行”。

4. 不要轻易教训别人，如果真需要，生活早给了。

5. 希望作为名词才有力量，在前方牵引我们的行动。希望作为动词的力量是很小的。

6. 没有梦想，未来对于我们就会是被来。

7. 聪明的人跟已经成功的人合作，智慧的人跟注定成功的人合作。

8. 别人对待你的方式许多时候是你自己有意无意暗示了对方可以这样。

9. 变色龙变的是皮肤，不变的是内心，总比一些人始终道貌岸然，内心却悄悄腐败要好。

10. 能把握成长节奏的人，往往就能成为自己的主宰。能把握命运节奏的人，就是命运的主宰，否则就易被命运玩弄。

11. 有一本书叫《女人不狠，地位不稳》，我想说男人不狠，没有地位。

12. 怀上一个梦想也像怀上一个孩子，梦想的不兑现，就像孩子的不出生，如果经常让梦想流产，可能就会导致今后的梦想习惯性地不兑现，造成梦想不孕不育症。

13. 年轻人要追求实实在在的改变和成长，魔术般改变并没有带来本质的改变，魔术般改变是幻象的改变。

14. 时间是溜掉的不是走掉的，要找出时间的漏洞塞住，及时预防时间“溜失”。

15. 自卑的性格各有各的不同，自卑的结果只有一个，就是提前枯萎生命。

16. 一个不看重时间的人不值得深交，因为他/她也会像浪费自己时间一样消遣你的生命。

17. 读研究生、博士生的本质意义是学术技能上的深造，这才是本，而不是沾点学历的金粉就认为自己昂贵，镀金的东西再华丽也比不上一个纯金的东西。

18. 有一种懒惰，不是不行动，而是不改进自己的行动。

19. 做人上把握人性，做事上懂得因果，若不成功，天理难容。

20. 温室效应发生的原因之一是：话多及话多导致的一系列连锁反应造成的。



21. 一年才一个中秋节，一年才一个国庆节，别忘了一生也才一个今天。

22. 不行所以不行，没用所以没用，不懒所以不难！

23. 我认为挫和折也是书写人生大卷的必备笔画。

24. 把心融入方法中，方法不叫方法，叫心法。

25. 每一种情绪都是有生命的。你侧重谁，谁就生命力更强。好坏情绪之间可能发生战争，战争的结果由平时的“养兵千日”决定。

26. 独树一帜的结果，成功了叫风格，失败了叫疯子，至少不至于平庸。

27. 比“Magic your life”更重要的是“Enjoy your life”。

28. 有许多人需要找工作，需要有人领导他们，所以培养自己当老板的能力，当领导人的能力是符合市场需求的。

29. 一般的事我不称之为挫折，因为不够格；称得上挫折的，是因为它锻炼了自己的才干，磨炼了自己的意志。

30. 别把大学出租给了迷茫，然后自己一无所获。

31. 别说自己不被看好，因为不够努力的人都不曾让别人看见。

32. 伯乐常有、千里马不常有。

33. 品味生命味道的嘴唇站在心上，不必经常用脑，但要时常用心。

34. 找问题和责任时，做个“内向”的人，而非外向。“怪”字由“心”“又”“土”三个字构成，怪别人是一种很土的行为。

35. 凡是遇到问题，不找自己的问题，就是耍流氓。

36. 当一个人侧重索取时，气场就会下降；侧重付出共赢时，底气就会更足。

37. 人没有三六九等，但事有三六九等，所以要选择事情来做，选择好事情后又要排个顺序来做。

38. 或许，哥不是个传说，但“再睡5分钟马上起床”绝对是个传说。

39. 大学生有个优点就是想法很多，有个缺点也是想法太多。

40. 智者见智，仁者见仁，见俗不一定是俗者，但俗者往往见俗。

41. 最大的孝顺就是成为父母的骄傲!

42. 生活有时需要提前预告幸福。身在黎明前，心却沐浴在幸福的曙光中。

43. 别说自己是人才，只是被埋没；能被埋没的，就不是人才。

44. 能力是大学生最好的信用卡，我们要努力扩大信用额度。

45. 冥冥之中自有的所谓注定，其实就是一串串因果的相连。

46. 不要把征服自己的机会留给对手，要把征服自己的机会留给自己。

47. 树在大风中低下了头，请记住，它在用根撑着。

48. 感动来自绝对用心的本质和出乎意料的形式。

49. 能把自己装进别人的心里，把别人装进自己的心里就是一种高本事和大情怀。

50. 有一种力量叫提醒，用座右铭提醒自己，用照片墙提醒自己，用自己的声音提醒自己。

# 后 记

## 心怀感恩，继续前行

文字具有非凡的力量。我喜欢看书，喜欢在看书时把有感触的句子段落旁写上自己的心得、感悟。我想，如果以书来比喻大学，那我就是在这本“大书”旁边写些文字的人。感谢亲爱的读者捧起这本书，我祈祷这些文字能如你的好朋友，陪你走过美好的大学时光。

写这本书，只有一个初衷：让读者可以因为这本书变得更好。

写这本书是一件冒险的事，我几乎没有特意阅读其他资料和同类书籍。因为阅读是平时的事情，我结合自己的经历和感悟，“闭门造书”完成这些文字，只为了它的原汁原味。书中没有高昂的激励，也没有华丽的辞藻，有的只是真实的分享与启发。

写这本书，痴迷过，忘我过。为了顺便把时间也忘掉，我不戴手表，在电脑屏幕右下角贴上改正纸；也熬过夜，为了不让自己被床吸过去，我把床堆满衣服书籍，变得不堪入睡，从而可以专心写稿；甚至梦醒后，从枕头下抽出本子，把一闪而过的灵感捉住……

当把书稿交到出版社，静静地期待它的诞生。心里涌动着感激，有太多的人和事值得深深鞠躬感谢，顾不上先后顺序，也顾不上篇幅，只想把这份感谢庄重地写下：

感谢幸福和睦的家庭和亲朋一直带给我爱和支持，感谢父母养育之恩，感谢哥哥和姐姐一直的鼓励和指导。

感谢母校高桥小学、花门四中、双峰一中、树人中学、湖南科技大学，感恩母校领导老师的教诲和帮助，感谢许许多多同学的帮助。感谢陈凤仪校长、赵方华老师、戴朝晖老师、胡朝阳老师、胡定界老师、田银华书记、刘德顺校长、吴建军书记、廖和平书记、李石新主任、戴年红老师等老师的指导和教育。感谢我的人生导师——金学建导师，感谢老师带给送军人生的转折，感谢老师一直以来的用心指导和支持。

感谢贵人言奇老师一直以来的鼓励与帮助。感谢言奇老师的通力合作，用心推动本书的顺利出版。感谢邀请我演讲的学校及事业单位的支持和接待，感谢湖南人文科技学院、湘潭大学、娄底职业技术学院、湖南师范大学、湖南工程学院、湖南财经学院、雅礼中学、宁乡五中、湘潭日报社等。

感谢出版社各位老师和编辑的用心付出，在老师们的帮助和指导下，本书才有机会面向读者。

感谢当年推荐我参加上海总裁班学习的文娟女士，让我有了更加精彩有意义的人生经历。感谢上海翎航的每一位事业伙伴，感谢：一诺姐、丽萍姐、张记文、倪其路、徐斌、孙炜、徐松、春红、晓飞、明毅、晓然等。感谢一路走过来，支持送军的企业家朋友：吴家杰吴总、王晓云王总、王青红王总、吴美红吴总、刘群刘总、杨林生杨总、唐文兵唐总、白尚红白总、黄宝祥黄总、陈雪颜陈总、李骁洋李总等。



感谢大学来，我的好朋友刘洋、粤文、巧珍、梦诗、承前、雪莲、勇辉、朱霞、飞霞、清晨、春香、陈跃、玉良、亚群、穆海、小丹、周文、义明、刘曼、雪芳、勇辉、唐亮、豆豆、陈林、晓莉、云鹏、杨燕、孝贤、海风、许娜、蒋霞、奇星、高航、海华、炜峰、淑兰、洪玲、罗浩、Mindia、芳芳、黎明、谭丽、立军等的关心和帮助。感谢每一位演讲听众，谢谢大家的支持，是大家的支持才有了送军成长和升华人生价值的机会。送军当更加努力，传递更具价值的演讲。

在此深深感谢《企业家说》一章的供稿者：张亨兵先生、陈雷先生、陈公能先生、言奇先生、尤静洲先生、闫巍先生、曾智先生、周昊天先生、沈仙先生、刘金海先生、廖春燕女士、李勇先生、平雪钢先生、施赢珂先生、王家庚先生、王晓云先生、杨林生先生、王青红女士、姜惠茹女士、余燕华女士、吴琴秀女士、沈华英女士、郏翠凤女士。

还非常感谢盛武肥牛董事长骆伟军先生、映山红酒店董事长徐海根先生、常熟市方圆建材商行董事长、冠珠陶瓷代理商陈依兵先生、忆口香龙虾董事长王柳芬女士、长沙王老五铁艺制品有限公司董事长王熙惟先生、江阴市涵韵富嘉金属制品厂董事长吴秋红女士、香港阴旋国际集团公司国博雅女士、余姚市姚北金属拉丝有限公司董事长张丹女士、同福茶叶董事长沈林霞女士、优秀的社会精英向上先生、刘力玮先生、陈先甫先生、陈昌先生、吴美红女士、马墨漪女士、张安君女士等企业家和大爱人士对本书出版的大力支持。

有太多的人和事值得感谢，惜缘惜福，感恩一切。一个正在攀登的人，在人生的旅途中，留下了这些文字。怀着感恩的心，继续前行。